Theodor Körner, Emil Peschel

Theodor Körner's Tagebuch und Kriegslieder aus dem Jahre 1813

Theodor Körner, Emil Peschel

Theodor Körner's Tagebuch und Kriegslieder aus dem Jahre 1813

ISBN/EAN: 9783743690875

Hergestellt in Europa, USA, Kanada, Australien, Japan

Cover: Foto ©Thomas Meinert / pixelio.de

Weitere Bücher finden Sie auf **www.hansebooks.com**

Theodor Körner's
Tagebuch und Kriegslieder.

Kunftbeilage I.

Theodor Körner's
Tagebuch und Kriegslieder

aus dem Jahre 1813.

Mit dem Bildniß Theodor Körner's,
Abbildung seiner Grabstätte, sowie sechs autotypirten Gedichten
und einem Briefe Theodor Körner's.

Nach der

Originalhandschrift veröffentlicht

von dem

Director des Körnermuseums der Stadt Dresden

Dr. W. Emil Peschel,

K. S. Hofrath.

Freiburg i. B.
Verlag von Friedrich Ernst Fehsenfeld.
1893.

Seiner Hochgeboren

Auguſt Reichsgraf von Fries,

Großgrundbeſitzer
auf Czernahora in Mähren und Böslau in Niederöſterreich,
Mitglied des öſterr. Abgeordnetenhauſes und Landtagsabgeordneter
für Mähren,

dem hochherzigen Enkel
der
Baronin Henriette von Pereira-Arnſtein,

der einſtigen hohen Gönnerin und Freundin

Theodor Körner's

widmet in Dankbarkeit dieſes Buch

der Begründer und Director des Körnermuſeums
der Stadt Dresden.

Inhalt.

Kunstbeilagen:

Theodor Körner's

Tagebuch und Kriegslieder

aus dem Jahre 1813.

———

Einleitung.

Der 23. September 1891, der Erinnerungstag an die vor
hundert Jahren zu Dresden erfolgte Geburt Theodor Körner's,
rief nicht allein allerwärts in Deutschlands Gauen, sondern auch
außerhalb der deutschen Landesgrenzen, selbst jenseits des Welt-
meeres, in Nord- und Südamerika, wo treue Söhne Germaniens,
ihres Mutterlandes, pietätvoll eingedenk sind, eine national zu
nennende Feier hervor. Diese Gedenkfeier, deren Bedeutung sich
noch über die Gestalt des edlen Heldenjünglings, des Dichters
von „Leyer und Schwert" erhob, rief gleichzeitig die ganze Zeit
der deutschen Befreiungskriege von 1813 bis 1815 wieder wach,
jener Geschichtsepoche, aus deren einstiger Verheißung die endliche
Erfüllung durch die die Einigung Deutschlands gestaltenden
Errungenschaften im deutsch-französischen Kriege von 1870 und 71
sich ruhmvollst ergab.

Aus jener ewig denkwürdigen Zeit strahlt auch der Name
Körner, welcher den Deutschen ein doppelt theurer geworden
ist. Einerseits erinnert er an den vertrautesten und hingebendsten
Freund und Biographen unseres großen Nationaldichters
Friedrich Schiller; denn Dr. Christian Gottfried Körner [1])

---

[1]) Christian Gottfried Körner (geb. zu Leipzig, den 2. Juli 1756),
der sorgfältig erzogene Sohn des Dr. Johann Gottfried Körner,
ordentlichen Professors der Theologie, Domherr des Stifts zu
Meißen, Pastors zu St. Thomä und Superintendenten in Leipzig
(geb. 1726, † 1785), vollendete seine theologischen und juristischen

1*

war es, der, als das Haupt einer durch ihre hochherzigen Ge-
sinnungen, ihre künstlerischen und literarischen Bestrebungen, sowie
durch ihre hohen gesellschaftlichen Vorzüge ausgezeichneten Familie, es verstand, einen Geist wie Schiller in treuester Freund-

Studien in Leipzig und Göttingen, bekleidete dann eine Zeit lang
die Stellung eines Privatdocenten in seiner Vaterstadt und unter-
nahm 1779 und 1780 eine größere wissenschaftliche Reise durch
Holland, England, die Schweiz und Frankreich. 1781 als Consistorial-
advokat in Leipzig angestellt, folgte er im Jahre 1783 dem Rufe
nach Dresden als Rath an das dortige Oberconsistorium. Seit dem
Tode seines Vaters (den 4. Januar 1785) im Besitze eines Ver-
mögens, konnte er daran denken, ein eigenes Heim zu gründen und
sich mit Anna Maria Jacobine Stock (geb. den 11. März 1762 zu
Nürnberg, Tochter des zu Leipzig 1773 verstorbenen Kupferstechers
J. M. Stock) zu verehelichen. 1790 wurde er Oberappellations-
gerichtsrath, 1798 Geh. Referendar im Geheimen Consilium, 1811
aber in das Appellationsgericht zurückversetzt. In Dresden be-
wohnte er zuerst das sogen. Faust'sche Haus in der Neustadt am
Kohlmarkt Nr. 14 (jetzt Körnerstraße Nr. 7), die spätere Geburts-
stätte von Dr. Körner's drei Kindern: Johann Eduard (geb. 24. Juli
1786, † 10. December 1786), Emma Sophia (geb. 19. April 1788,
† 15. März 1815) und Karl Theodor Körner (geb. 23. September
1791, † 26. August 1813). 1793 zog die Familie Körner, nebst der
unvermählt gebliebenen, durch Geist und Kunsttalent ausgezeichneten
„Tante Doris" (Johanna Dorothea Stock, geb. 6. März 1760,
† 26. Mai 1832 zu Berlin) nach dem Palais- (jetzt Kaiser Wilhelm-)
Platz Nr. 4, wo an Stelle des damaligen, jetzt ein neues Gebäude
steht. Im Mai 1802 bezog Dr. Körner das von ihm 1801 gekaufte
Haus Moritzstraße sub 753 (im Jahre 1885 jedoch niedergelegt),
woselbst er wohnen blieb, bis 1815 der Oberappellationsrath Dr.
Körner als Staatsrath nach Berlin berufen ward, um später als
Geh. Oberregierungsrath im Ministerium der geistlichen, Unterrichts-
und Medicinalangelegenheiten thätig zu sein. Er starb daselbst am
13. Mai 1831. — In ihm vereinigte sich mit dem Eifer für die
Wissenschaft seines Berufs ein reger Sinn für Wissen und Kunst
im weitesten Sinne des Wortes. Sein gastliches Haus bildete den
Vereinigungspunkt der ausgezeichnetsten Männer. Wie er Schiller's
vertrauter Freund gewesen, stand er auch mit Goethe persönlich und
schriftlich in Verkehr. Mit Freimüthigkeit erklärte Dr. Körner sich
1813 für die Sache Deutschlands und gab seinem Sohne unbedenk-

schaft zu fesseln und demselben nach den schweren Jahren der
Irrfahrt und der Heimathlosigkeit an seinem traulichen Herde²)
Glück und Schaffenslust zu verleihen.

Andererseits ruft auch der Name Körner uns das herrliche
Bild des Sohnes dieses Schiller'schen Freundes, eines Jünglings
vor die Seele, der, „zugleich ein Sänger und ein Held", uns ein
Stück Schiller'scher Poesie verkörpert, dessen Leben und früher
Tod uns eben so erhebt wie innig rührt, eines Jünglings, an dessen
Wiege die Musen standen, der sich späterhin gleichsam zum Helden
gesungen und zum Dichter geschlagen und den schließlich
die deutsche Nation zu einer ihrer Lieblingsgestalten erhoben hat.³)

lich die Einwilligung zum Eintritt in die Reihen der freiwilligen
Krieger. Unter dem russischen Gouvernement wurde er 1814 bis zu
der Auflösung dieser Behörde Gouvernementsrath. Dr. Körner's
Theilnahme an dem Entwickelungsgange der deutschen Literatur beweisen nicht bloß die veröffentlichten brieflichen Zeugnisse Goethe's
und Schiller's, sondern auch einzelne schriftstellerische Leistungen auf
staatswissenschaftlichem und ästhetischem Gebiete, namentlich aber
„Schiller's Briefwechsel mit Körner" (4 Bde., Berlin 1847; 2. vermehrte Aufl., herausgegeben von K. Goedeke, 2 Bde., Leipzig 1874).
An Schiller's Biographie von dessen Schwägerin Frau v. Wolzogen
hat Dr. Körner wesentlichen Antheil; auch besorgte er 1812—15
die Herausgabe von dessen Werken. Seine ästhetischen Aufsätze gab
er gesammelt, anonym, unter dem Titel: „Aesthetische Ansichten"
(Leipzig 1808) heraus. Eine Sammlung seiner Schriften veröffentlichten 1859 Karl Barth in Nürnberg und 1881 Adolf Stern
(Leipzig, Fr. W. Grunow).

²) Schiller's erster und längster Aufenthalt in Dresden fand
statt vom 12. September 1785 bis zum 20. Juli 1787.

³) Karl Theodor Körner (im elterlichen Hause stets Karl ge-
rufen und erst als Dichter Theodor genannt), geb. zu Dresden
23. Sept. 1791, erhielt eine sehr sorgfältige Erziehung, während zugleich der Vater selbst und der gesellige Geist des elterlichen Hauses,
sowie die Verehrung, mit der die Familie an Schiller hing, vom
belebendsten Einfluß auf die Ausbildung seiner Talente waren.
Frühe Versuche ließen über seine Anlage zur Dichtkunst keinen
Zweifel übrig. Nachdem er zwei Jahre lang, um Mineralogie zu
studiren, die Bergakademie zu Freiberg besucht hatte, bezog er 1810,

Wenn von Theodor Körner gesagt wird, daß jener Kranz,
der ihm gebührt, sobald nur des Dichters Lorbeer die Blätter
dazu hätte geben sollen, nicht so voll und schwer sein kann, wie
er auf den Häuptern der großen Dichtergenien unseres Volkes

---

als bereits die erste Sammlung seiner Gedichte unter dem Titel
„Knospen" erschienen war, die Universität zu Leipzig. Doch ließ
er sich hier durch seine akademischen Verbindungen zu Duellstreitig-
keiten hinreißen, welche ihn die Universität zu verlassen nöthigten.
Nach kurzem Aufenthalt in Berlin ging er nach Wien, wo er sich
verlobte und durch mehrere dramatische Erzeugnisse, welche er schnell
hinter einander auf die Bühne brachte, die öffentliche Aufmerksamkeit
auf sich lenkte. Einige derselben, wie „Der grüne Domino", „Die
Braut" und der „Nachtwächter", gehören noch jetzt zu den besseren
deutschen Lustspielen. Seine Dramen ernsteren Charakters, wie
„Toni" und „Hedwig", bekunden zwar die Bühnenpraxis und Form-
gewandtheit, auf der anderen Seite aber auch den Mangel an
Menschenkenntniß des jugendlichen, inzwischen zum Kaiserl. Theater-
dichter ernannten Verfassers. Seine beiden größeren Trauerspiele
„Zriny" und „Rosamunde" wurzeln ganz in dem Jambenpathos
Schiller's, fesseln aber besonders die Jugend durch den darin sich
deutlich kundgebenden Enthusiasmus für alles Gute und Edle.
Namentlich war in jener Zeit des Drucks und der geheim gährenden
Volkskraft das Trauerspiel „Zriny" mit seiner Darstellung echten
Heldenmuths von mächtiger Wirkung. Als sich die deutsche Nation
gegen die Napoleonische Fremdherrschaft erhob, zog auch der be-
geisterte K., welcher schon früher in Liedern die Schmach und Unter-
drückung des Vaterlandes beklagt hatte, mit in den Krieg. Die
unter dem Titel „Leyer und Schwert" und durch die Weber'schen
Melodien populär gewordenen patriotischen Lieder, welche er nun
dichtete, und durch die er mächtig auf den kriegerischen Sinn der
Deutschen wirkte, sind nicht nur das Beste unter K.'s sämmtlichen
Dichtungen, sondern gehören überhaupt zu den schönsten und be-
geistertsten Kriegs- und Vaterlandsgesängen, welche die deutsche
Literatur aufzuweisen hat. K. hatte sich anfangs den Lützow'schen
Büchsenjägern zugesellt; allein die Unthätigkeit, in welcher dieselben
nach der Schlacht von Lützen bleiben mußten, bewog ihn, zu der
Cavallerie des Corps zu treten. Als Lützow's Adjutant nahm er
an dem kühnen Streifzuge in dem Rücken des Feindes theil. Fast
wäre es den Franzosen gelungen, ihn in dem Gefechte bei Kitzen,
wo er stark verwundet wurde, zu fangen. Von Freunden zunächst

ruht, so brach doch Germania reichlich Laub von ihrer Eiche und flocht es seinem Lorbeer hinzu — und kein Dichterkranz grünt ewig, wenn nicht das Vaterland, seine Freiheit und seine Größe, ein Reis mit hinzufügt!

Die patriotische Lyrik Körner's, ein treues Spiegelbild seiner Geistesrichtung und geistigen Entfaltung, überragt seine dramatischen Dichtungen und findet ihren Ausgangs- und Höhepunkt in den markigen in „Leyer und Schwert" vereinigten Kriegsliedern des für die Errettung aus fremdem Joche begeisterten jungen Kriegers, der sich als Braut die Todesbraut: das Schwert erwählt und dessen Begeisterung uns die Stelle seines Briefes aus Wien vom 10. März 1813 in die Seele ruft, als er den Vater bittet, ihm zu erlauben, dem Aufrufe des Königs Friedrich Wilhelm III. von Preußen Folge zu leisten:

„Deutschland steht auf! Der preußische Adler erweckt in allen treuen Herzen durch seine kühnen Flügelschläge die große Hoffnung einer deutschen, wenigstens norddeutschen Freiheit. Meine Kunst seufzt nach ihrem Vaterlande, — laß mich ihr würdiger Jünger sein! — Ja, liebster Vater, ich will Soldat werden, will das hier gewonnene glückliche und sorgenfreie Leben mit Freuden hinwerfen, um, sei's auch mit meinem Blute, mir ein Vaterland zu erkämpfen u. s. w."

Wie E. M. Arndt, sein gleichzeitiger poetischer Mahner und Wachrufer, in seinem „Was ist des Deutschen Vaterland?" dem damals der Mehrzahl der Zeitgenossen abhanden gekommenen Gefühl für die Erhabenheit des deutschen Einheitsgedankens begeisternden Ausdruck giebt, so thut dieses auch unser Körner in seinem am 22. März in Zobten noch vor der Einsegnung des

---

in Leipzig, dann in Karlsbad gepflegt, ging er, sobald es seine Verwundung erlaubte, wieder zu seinem Corps, für welches sich eine treue Anhänglichkeit in allen seinen Liedern ausspricht. Nach geendigtem Waffenstillstand kämpfte er in mehreren Gefechten gegen die Franzosen mit kühnem Muthe. Er fiel am 26. August 1813, 2 Kilometer westlich von Rosenberg bei dem Dorfe Lützow, unweit Gadebusch.

von Lützow'schen Freicorps[4]) gedichteten „Jägerlied" durch die
Worte:

„Aus Westen, Norden, Süd und Ost
Treibt uns der Rache Strahl:
Vom Oberslusse, Weser, Main,
Vom Elbstrom und vom Vater Rhein
Und aus dem Donauthal.

Doch Brüder sind wir allzusamm',
Und das schwellt unsern Muth.
Uns knüpft der Sprache heilig Band,
Uns knüpft ein Gott, ein Vaterland,
Ein treues deutsches Blut."

Karl Immermann, wie Theodor Körner ein Freiwilliger
in den Kriegsjahren, sprach bei Gelegenheit des Kölner Frei=
willigenfestes am 3. Februar 1838 über ihn und das Corps,
dem er angehörte, sich treffend also aus: „Die Jugend und Frische
des deutschen Gesammtlebens war in seinen zartesten Nerven von
der Fremden=Ueberziehung angetastet worden; deutsches Denken,
Sinnen und Dichten stand in Gefahr, mit der heimischen Sprache
den fremden Lauten und dargeliehenen oder aufgedrungenen
Geistesformen weichen zu müssen. Deßhalb kämpfte die Blüthe
der Jugend aus dem Hörsaal, der Kirche, dem Lehrstuhl, der
Gerichtshalle so begeistert mit. Diese Jugend fühlte, daß das
ganze Erbe unserer großen geistigen Ahnen und die Zukunft des
Geistes, welche ihn anheimfallen sollte, auf dem Spiele stehe.
Der Athem dieser Jugend durchdrang erfrischend das Heer,
überallhin waren ihre Sprossen gepflanzt, nirgends aber stand
der junge, grüne Hain so dicht, als in den Lützow'schen Frei=
schaaren. Hier war der Student der Nebenmann des jungen
Geistlichen; Aerzte, Künstler, Lehrer, Naturforscher, ausgezeich=
nete, zum Theil schon hochgestellte Beamte von besonderem
Schwunge des Wirkens, Gelehrte und Forscher mancher Art waren
an die wenigen Compagnien und Schwadronen vertheilt, welche

---

[4]) am Abend des 27. März durch den Pastor G. Peters in der
evangelischen Kirche zu Rogau bei Zobten.

zum Zeichen, daß alle Farben des deutschen Lebens erst wieder aufwachen sollten, das farblose Schwarz trugen. Unsere Sinnes= und Geistesart war gewissermaßen dort in einer gedrängten und übersichtlichen Gruppe nach ihren verschiedensten Formen sichtbar. Ein kühner, freisinniger Führer hielt diese eigenartigen Persön= lichkeiten, diese wundersame Genossenschaft unter den schwierigsten Umständen in Sieg und Niederlage.

Die Freischaar war die **Poesie** des Heeres, und so hat sie denn auch den **Dichter** des Kampfes in ihrem Schooße aus= getragen: **Theodor Körner.** Ein schönes, beneidenswerthes Leben! Indem er den Kriegerrock anzieht, streift er alles Schwache, Nachgeahmte seiner ersten Versuche ab; er ist ein Anderer ge= worden! Von Feldwache zu Feldwache, von Gefecht zu Gefecht quellen ihm Lieder zu, eigene, unnachgeahmte, unnachahmbare, welche die Nation zu ihren Schätzen zählt, er dichtet sein **Schwert= lied,** einen der höchsten Laute unserer Sprache. Da werden schon die Trompeten! Er wirft den Stift weg und ergreift die Braut, welche er eben besungen; in der Fülle dieser Wonne, auf dem Gipfel solchen Glücks tritt ihn der Tod an, rasch, ohne daß er sein Antlitz gesehen hat, und die Brüder gaben ihm den Feuer= gruß in die erkämpfte Gruft. Er fehlt im Siegesheimzuge, aber er ruht, wie er wollte, und lebt im Volke:

> „Denn was berauscht die Leier einst gesungen,
> Das hat des Schwertes freie That errungen.“

Durch die hochherzige Ueberweisung von Theodor Körner's Taschenbuch mit den darin von ihm während der Zeit vom 15. März bis zum 22. August des Kriegsjahres 1813 bewerk= stelligten Tagebuchaufzeichnungen und ersten Niederschriften von im Felde, auf dem Marsche, im Bivouac, vor oder nach einem Gefechte entstandenen Kriegsliedern an den Verfasser dieser Zeilen, ist der deutschen Nation ein unschätzbares Kleinod zu Theil geworden.

Die ersten Abfassungen dieser später von Körner's Vater, Dr. Chr. G. Körner, unter dem Titel: „Leyer und Schwert" herausgegebenen Gedichte, sind um so bedeutender, als sie nicht nur verschiedene Lesarten der bekannten Gedichte und von diesen wiederum welche, die sogar doppelt, d. h. erst mit Bleistift und dann nochmals mit der Feder niedergeschrieben wurden, sondern auch noch mehrere ungedruckte Gedichte enthalten, die der Vater damals (1814) mit in die Sammlung aufzunehmen, Anstand nahm und wohl auch Anstand nehmen mußte.

Bezeichnend für die gemüthvolle und fromme Denkungsart des jugendlichen Helden ist es, daß sich unter diesen ungedruckten Liedern noch zwei andere als in „Leyer und Schwert" schon enthaltene tiefempfundene Gebete vorfinden. Auch die erste Nieder-schrift des von einer glühenden Vaterlandsliebe durchwehten „Aufrufs an die Sachsen" ist in den Blättern des 278 Seiten füllenden Notiz- und Taschenbuchs mit zu finden. Das am 23. August in Kirch-Jesar mit Bleistift niedergeschriebene Schwertlied und verschiedene kleine Notizen bilden den Ab-schluß der Aufzeichnungen. Die Schriftzüge sind zum großen Theil gut erkennbar, ein Beweis, mit welcher Sorgfalt die theure Reliquie bisher aufbewahrt worden ist. Rührende Andenken für den Beschauer bilden auch eine zwischen die Blätter des Buches eingelegte grünseidene Haarschleife und drei gepreßte Stiefmütter-chen, ohne Zweifel Andenken an die Braut Antonie Adamberger.

Der letzte Brief, welchen Theodor Körner schrieb, war aus Kirch-Jesar, ein 1¾ Meile westlich von Wöbbelin liegendes mecklenburgisches Dorf, gerichtet an den Freund des Dr. Körner-schen Hauses, Hofrath Gustav Parthey. Dieser Brief[5]) trägt die Adresse: „Sr. Wohlgeboren dem Herrn Hofrath Parthey, Nicolai-sche Buchhandlung in Berlin. Soldatenbrief", und lautet:

---

⁵) Das Original dieses Briefes befindet sich im Besitz des Herrn Verlagsbuchhändlers Rudolf Brockhaus in Leipzig. Siehe auch dessen ungemein werthvolle Festschrift: Theodor Körner. Zum 23. Sep-tember 1891. Leipzig. F. A. Brockhaus.

Leipzig(?), am 23ᵗ Sept.

[handschriftlicher Brief, größtenteils unleserlich]

Theodor Körner.

Kunstbeilage 2.

„Liebster Hofrath!

Ich lebe noch; seit dem 17. schlagen wir alle Tage. Die Truppen haben sich concentrirt; ich erwarte in diesen Tagen einen Hauptschlag. Das Bivouac hindert mich am längeren Schreiben. Tausend Grüße an alle! Meinen Eltern Nachricht, so es möglich; den Brief bitte ich zu besorgen. Gott mit euch und uns!

Theodor Körner."

Am Morgen des 26. August ereilte ihn in dem bekannten Gefecht bei Rosenberg durch eine feindliche Kugel der Tod und am nächsten Tage begruben ihn die trauernden Kameraden unter einer mächtigen Eiche beim Dorfe Wöbbelin, unweit Ludwigslust im Großherzogthum Mecklenburg = Schwerin. Der Großherzog Friedrich Franz von Mecklenburg-Schwerin bewilligte Dr. Körner einen Raum von 48 Quadratruthen (ziemlich 1000 Quadratmeter) um die Grabstätte, in deren Mitte sich ein 1814 von der Familie errichtetes, in Eisen gegossenes Denkmal erhebt. Zuerst folgte dem deutschen Tyrtaeus im Tode die geliebte Schwester Emma (gestorben am 15. März 1815), die dem Bruder an die Seite gebettet wurde. 1831 starb Dr. Chr. Gottfr. Körner; 1832 folgte ihm die treue Schwägerin Dora Stock und erst 1843 vereinigte sich, als Letzte der Familie, die Mutter Emma's und Theodor's mit allen ihren vorangegangenen Lieben. Sie Alle wurden auf ihrem letzten Wege nach Wöbbelin geführt, wo sie unter deutscher Eiche Laub und Schatten in dem friedlichen Familienhaine gemeinsam schlummern. Am 26. August 1879 (zum 66. Todestage) wurde an Körner's Grab eine ⁵/₄ Lebensgröße betragende Bronzebüste des Dichters von „Leyer und Schwert" (modellirt von Professor H. Hultzsch) mit entsprechenden Feierlichkeiten enthüllt.

Das Feldzugs-Taschenbuch.

Beschreibung desselben.

Das Taschenbuch Karl Theodor Körner's, des poetisch hoch=
begabten und für die Errettung seines Vaterlandes aus fremdem
Joche begeisterten Jünglings, welches er bei sich trug während
des Feldzugs von 1813, an dem er als einer der Freiwilligen in
„Lützow's wilde verwegene Jagd" sich betheiligte, besteht aus
einem rothsaffianenen, mit grünem Maroquinleder gefütterten
Futteral, worin sich eine mit Seide überzogene doppelte Papp=
schale befindet, die zur Aufnahme von acht mit weißseidenen
Bändchen festgehaltenen Einlagen von Schreibepapier dient. Die
vorderen vier Einlagen dieses Schreibepapiers sind mit Goldschnitt
versehen und waren ohne Zweifel schon darin befindlich, als das
Taschenbuch an Theodor Körner überreicht wurde; die hinteren
vier Einlagen ohne Goldschnitt sind später von dem Dichter von
„Leyer und Schwert" zur Ergänzung selbst hinzugefügt worden.
Die Stärke des Rückens dieser als Taschenbuch dienenden Brief=
tasche ist etwa 1 cm, die Pappschalen derselben sind 15 cm hoch
und ihre Außenseiten zeigen auf grünseidenem Grunde Stickerei
von der Hand der Geschenkgeberin. Auf der Vorderseite erblickt
man eine gelbe, von Lorbeer durchwundene Lyra, auf der Rück=
seite eine Vase. Die den Rand beider Seiten zierenden Guirlanden
bestehen aus gestickten Vergißmeinnicht. Die inneren Seiten dieser
Pappschalen sind mit rosafarbiger Seide überzogen und zeigen
eine Goldpressung als Randeinfassung. Der gleichfalls durch
Stickerei in Quadrate getheilte Rücken des Taschenbuchs enthält

im oberen zweiten Quadrat die Buchstaben T. K. und im vorletzten die Jahreszahl 1813.

Die Anzahl der Seiten der verschiedenen Papiereinlagen würde sich bei Numerirung derselben auf 248 belaufen; benutzt zu schriftlichen Aufzeichnungen wurden durch Theodor Körner nur 146 Seiten.

Die Brieftasche mit dem Taschenbuch wurde dem Dichter kurz vor seinem Abgange von Wien zum Feldzug, also vor dem 15. März 1813, von Frau Henriette, Freiin von Pereira-Arnstein*) als ein Zeichen der Freundschaft und Verehrung überreicht.¹) Von diesem Schenkungstage an bis zu seinem am 26. August desselben Jahres erfolgten Tode führte Theodor Körner dieses Taschenbuch beständig bei sich. Seine Aufzeichnungen darin beginnen mit der Abreise von Wien und ein letztes von Körner's Hand geschriebenes Datum ist der 22. August, während die letzte Eintragung „das Schwertlied", die Zeitangabe: „der 23. August" zu tragen hätte.

Nach Theodor Körner's Tode ging dieses Taschen- oder Tagebuch zunächst in den Besitz der Familie Körner über.

Wer es dagegen zunächst von der Leiche Körner's an sich nahm, ist nicht mit voller Sicherheit festzustellen. Friedrich

---

*) Henriette, Freiin v. Pereira-Arnstein, geb. Freiin v. Arnstein, geb. den 29. November 1780, gest. den 13. Mai 1859.

¹) Theodor Körner berührt diese Thatsache in einem unter dem 30. März 1813 aus Jauer an Frau v. Pereira gerichteten Briefe, der bereits im Anhange zu Th. K.'s sämmtlichen Werken 1834 durch Karl Streckfuß veröffentlicht wurde. Th. K. schreibt darin: „Das mir so theure Buch ist schon ziemlich oft gebraucht worden, denn in den einsamen Stunden stiller Erinnerung, die ich mir so häufig als möglich verschaffe, trägt mich das Herz immer zu Sang und Lied." — Streckfuß, innig mit Familie K. befreundet, giebt als Fußnote zu dem oben gesperrt gedruckten Worte „Buch" Folgendes an: „Ein von der Freundin dem Dichter geschenktes Tagebuch." Streckfuß sah dasselbe damals (1834) natürlich noch in den Händen der zu Berlin lebenden Mutter Th. K.'s, die erst am 20. August 1843 daselbst verstarb.

Förster, der Kriegskamerad Körner's, will es nach seiner eigenen Mittheilung gewesen sein, doch auch für die Lützower W. Beuth, W. H. Ackermann und Fr. Helfritz sprechen Angaben, daß sie sich mit der Angelegenheit befaßten, Besitzgegenstände Theodor Körner's an dessen Angehörige zu befördern; man weiß auch nicht, wann diese Gegenstände*) in die Hände von Theodor Körner's Eltern gelangt sind, sicher ist nur, daß sich zwei Monate nach des Dichters Tode der russische General v. Wallmoden = Gimborn, dem das v. Lützow'sche Corps damals im Kommando unterstand, veranlaßt sah, nach der Brieftasche zu fahnden. Er that dies in einem Briefe, der sich erst seit dem 8. September 1892 im Besitz des Körner = Museums befindet und der folgendermaßen lautet: „An den Königlich Preußischen Herrn Major und Freicorpskommandanten v. Petersdorff, Hochwohlgeboren, Boitzenburg.

Ich werde von schönen Händen dringend ersucht, eine Brieftasche zu schaffen, welche der verstorbene Körner stets getragen, sie ist grün maroquin (maroquin ist durchgestrichen; Anm. d. Herausg.), auf der einen Seite ist eine Leier, auf der andern eine Vase gestickt. Am Einschnitt ist rund herum die Jahreszahl 1813, es waren einige fremde Schriften darinn. Sie würden mich unendlich verbinden, mein lieber Petersdorff, wenn Sie mir dieses verschaffen könnten, wäre es um Geld zu haben, so gebe ich Ihnen Vollmacht, einer seiner Cameraden muß es zu sich genommen haben; der oder die, dem es eigentlich wohl gehört, reclamirt es, und das Eigenthum wird sein Freund nicht versagen.

Dömitz,**) den 30ten Oct.

v. Wallmoden."

Da General v. Wallmoden in seinem Schreiben das Innere der Brieftasche so ausführlich kennzeichnet, so können ihm die

---

*) W. H. Ackermann giebt als diesen Zeitpunkt den Sommer 1814 an.

**) (richtig: Dömitz).

Thatsachen dazu nur von Jemand mitgetheilt worden sein, der
dem Dichter und Lützower im Leben sehr nahe gestanden haben
muß. Wer konnte z. B. wissen, daß „sich in dem Taschenbuche
auch einige fremde Schriften" befunden haben; dies konnte selbst
Frau v. Pereira, die Geschenkgeberin des Taschenbuches, nicht
ahnen, wenn sie auch im Stande war, die von ihr selbst gefertigte,
zum Einband des Taschenbuchs gehörige Stickerei genügend zu
beschreiben. Daß Theodor Körner's Mutter oder Schwester an
v. Wallmoden geschrieben haben sollte, ist wohl nicht anzunehmen,
da dem Vater Körner's die Nachricht vom Tode des Sohnes erst
am 8. November 1813 bekannt ward, wenngleich die „Berlinischen Nachrichten" Körner's Tod schon am 4. September
erwähnt hatten mit der Unterzeichnung eines Dr. Salfeld, der an
der Schloßfreiheit zu Berlin eine Buchhandlung besaß und sicher
ununterbrochen mit v. Lützow's Corps im Verkehr stand, da er
Bevollmächtigter dieses Corps war.

Nach Dr. Chr. G. Körner's Tode (1831) verblieb das Taschenbuch in den Händen der Mutter noch bis zum 15. Juni 1835,
welche das theure Andenken unter diesem Datum mit einem
herzlichen Begleitschreiben an die ursprüngliche Geberin Frau
v. Pereira = Arnstein zurücksandte. Dieses Begleitschreiben lautete
folgendermaßen:

„Berlin, 15. Juni 1835.

Hochverehrte Freundin!

Sehr erwünscht war mir ein kurzer Besuch v. Fräulein
v. Saaling, die mir sagte, daß sie nach Wien reiste und mir
anbot, was ich wünschte, an Sie, edle Frau, zu bestellen. So
nehmen Sie aus meiner Hand das Gedenkbuch zurück, das Sie
mit freundlichem Wohlwollen einst unserm Theodor gaben.
Es beglückt mich, es in Ihren Händen zu wissen! Es kann ja
bald auch mir die Stunde schlagen, die mich zu meinen Lieben
trägt. Ich gedenke Ihrer oft mit herzlicher Liebe und Achtung
und erfreue mich an allen dem Schönen und Herrlichen und
Guten, das Ihnen in Ihren geliebten Kindern geworden ist.
Sie können meiner nicht so innig gedenken, wie ich Ihrer,

weil Sie zu wenig von mir wissen. Der vergangene Winter hielt mich in Krankheit befangen und ich glaubte den Ruf bald zu hören, der nach der Heimath führt — so war es aber nicht — ich fange an, mich wieder zu erholen. Der Brand in Wöbbelin hat uns einen Verlust durch die Bücher gegeben, die ein Professor Passow dahin schenkte, um daß sich die Fremden da einschrieben. Viel schöne Worte in vielen Sprachen waren darin, besonders von Engeländern, so thun mir die Gedichte von Felicia Hemans leid, die voll Gemüth sich aussprachen, herrlich und schön. Ich bitte Sie unsrer Freundin, Frau v. Pichler, das Herrlichste zu sagen. Gedenken Sie meiner wie ich Ihrer gedenke.

Maria Körner."

Mit dem Tode der einstigen Wiener Freundin und Gönnerin Theodor Körner's ging der Besitz des Taschenbuches im Jahre 1859 an deren Tochter, Gräfin Flora Fries (geb. den 19. Juli 1814), über und als diese den 9. December 1882 verstarb, erbte zufolge letztwilliger Bestimmung deren Sohn, August Graf Fries, Großgrundbesitzer auf Czernahora in Mähren und zu Vöslau in Niederösterreich, Mitglied des österreichischen Abgeordnetenhauses und Landtagsabgeordneter für Mähren, die theure Reliquie. Auf die besonders gütige Empfehlung Sr. Excellenz des k. k. wirklich Geheimen Rathes und Directors des Geheimen Hof- und Staatsarchivs Alfred, Ritter Dr. v. Arneth, beschloß alsdann August Graf Fries in hochherziger Weise das Taschenbuch am 26. August 1891 nach Dresden gelangen zu lassen. Herr Verlagsbuchhändler Rudolf Brockhaus in Leipzig hatte die freudige Genugthuung, die Uebermittelung an den Begründer und derzeitigen Director des Körner-Museums vollziehen zu können, wobei er unter Anderem schrieb: „Sie werden besser ermessen, als ich es zu sagen vermöchte, welch hohen Grad des allerinnigsten Dankes Deutschland, die Stadt Dresden und die Körner-Gemeinde dem großherzigen Spender hierfür schulden."

So befindet sich nun dieses durch seinen Inhalt unschätzbare Feldzugs-Taschenbuch des deutschen Tyrtäus seit dem oben-

genannten Tage (gerade der Erinnerungstag, an welchem vor
78 Jahren der Heldenjüngling im Gefecht bei Rosenberg sein
edles Leben aushauchte), im Körner = Museum zu Dresden, an
jener Stätte und in demselben Hause, wo am 23. September 1791
der Dichter von „Leyer und Schwert" das Licht der Welt erblickte.
Hier wird nun das Taschenbuch als hochwerthvollstes Glied in
der Kette aller anderen literarischen Schöpfungen und theuren
Reliquien Theodor Körner's, als schon lange erwarteter und
herbeigesehnter Erinnerungsgegenstand verwahrt. Es mußte
natürlich auch für den Museumsdirector die Aufgabe erwachsen,
den Inhalt des Taschenbuches festzustellen und als biographisch=
literarische Gabe zur Veröffentlichung zu bringen.

Diese Feststellung des inhaltlichen, von Theodor Körner Wort
für Wort eigenhändig niedergeschriebenen Textes bot verschiedene
Schwierigkeiten, trotzdem es als eine Gunst des Schicksals zu be=
trachten ist, daß die Blätter des inliegenden Schreibpapiers (so=
genanntes Büttenpapier) in keiner Weise durch die Länge der Zeit
gelitten haben, daß die Bleistiftniederschriften nicht besonders ver=
wischt sind und hauptsächlich, daß sämmtliche Besitzer des Taschen=
buches nach Theodor Körner, der Erhaltung dieser Reliquie eine
geradezu rührende Pietät zugewendet haben müssen.

Schwierig gestaltete sich nämlich die genaue Entzifferung der
Handschrift durch die Eile, in der sie wohl meist entstanden ist
und durch den Umstand, daß sie ja nur für das Auge des Schreibers
lesbar sein sollte, der seinen eigenen Bleistifttext, sobald er im
Lagerleben irgend einmal größere Mußezeit haben mochte, selbst an
vielen Stellen mit Tinte überzog, um ihn zu erhalten. Ganz be=
sondere Schwierigkeit aber bereiteten solche Stellen, die anscheinend
zu Pferde niedergeschrieben sind und bei denen die Unruhe des
Reitpferdes, jenes bekannten Schimmels, den Buchstabencharakteren
die sonderbarsten Verschiebungen und Vergrößerungen angethan
hat. Gute Lesbarkeit zeigen hingegen die mit Tinte auf's Reine
geschriebenen Ueberblicke des Feldzuges und ganze Gedichte, denen
nur stellenweise ein Schaden durch Breitlaufen und Verwässerung
der Tinte erwachsen ist. Hierzu hat wohl unzweifelhaft die starke

Th. Körner's Tagebuch ⁊c.   2

Kopfwunde mit heftigem Blutverlust, die Theodor Körner vom Ueberfall bei Kitzen am Abend des 17. Juni 1813 davontrug, das Meiste gethan. Daß die Schnur eines um den Hals ge= tragenen, jetzt auch im Körner=Museum befindlichen Amulets bei dieser Verwundung ganz von Theodor Körner's Blute durchtränkt wurde, bestätigt schon seine Schwester Emma am 8. August 1814 in einem Briefe an die ursprüngliche Geberin dieses Amulets, Frau Henriette v. Pereira=Arnstein. Es mag jener Blutverlust auch auf die vor Körner liegende, offene Brieftasche eingewirkt haben — das Wie? bleibe dahingestellt — die auf dem Schreib= papier des Taschenbuches bleichende Blutfarbe spricht noch dafür. Die Möglichkeit, daß später auch die Todeswunde Körner's ein Einsickern von Blut in die Brieftasche herbeigeführt habe, ist nicht ganz abzuweisen, obwohl das Aeußere der Brieftasche dabei, wie ersichtlich, nicht betroffen worden ist.

Wenn nun bis hierher lediglich des Aeußeren dieses Körner= schen Taschenbuches besonders gedacht worden ist, so gilt es nunmehr einen kritischen Blick im Allgemeinen auf den Inhalt desselben zu werfen. Wie verhalten sich zunächst die in dem Taschenbuche niedergeschriebenen Mittheilungen und Dichtungen zu gleichzeitigen Veröffentlichungen desselben Inhalts, die entweder Theodor Körner selbst anregte oder die dessen Vater und seine Freunde besorgten? Ein für allemal gilt da der Gesichtspunkt, daß sich in dem Taschenbuche nur Entwürfe oder vollendete Dicht= ungen Körner's befinden, die während seines Feldzugs, also in der Zeit vom 15. März bis 26. August 1813 ihre Entstehung fanden.

Die „12 freien deutschen Gedichte" von Theodor Körner, deren Entwürfe er seinem Leipziger Freunde W. Kunze auf dem Marsche von Dresden her mitbrachte, gelangten nicht so früh als Körner vielleicht wünschen mochte zum Druck; ja, als sie endlich im November erschienen, deckte den Sänger bereits die Erde. Diese Kunze'sche Ausgabe enthält aber schon Dichtungen, die, wie z. B. „Andreas Hofer's Tod", „Vor Rauch's Büste der Königin Louise", „Trost" (als Rundgesang zu singen), „Durch"

u. A. m., bereits vor Körner's Betheiligung am Freiheitskriege 1813 entstanden waren.

Aehnlich steht es mit der bald darauf vom Vater Theodor Körner's bewirkten ersten Herausgabe von „Leyer und Schwerdt", in die der Vater auch zahlreiche Gedichte aufnahm, die längst vor dem Eintritt seines Sohnes in den Feldzug entstanden waren, wie beispielsweise: „Die Eichen", „Hoch lebe das Haus Oesterreich", „Auf dem Schlachtfelde von Aspern" u. A. m. Diese vom Vater besorgte erste Ausgabe von „Leyer und Schwerdt" erschien erst im Frühjahr 1814 in Berlin durch die Nicolai'sche Buchhandlung und trägt auf dem Titel jene bekannte von Gubitz hergestellte Vignette, die Leyer und Schwert mit einem Kranze von Cypressen behangen, zeigt.

Während sonach ersichtlich ist, daß in diesen beiden Publikationen von W. Kunze und Körner's Vater dem Stamme der „Leyer und Schwerdtdichtungen" bereits weitere Nummern hinzugefügt waren, so muß andererseits hier besonders hervorgehoben werden, daß durch den Vater Theodor Körner's, dem seines Sohnes Taschenbuch doch vorgelegen hat, mehrere Dichtungen daraus nicht mit in „Leyer und Schwerdt" aufgenommen wurden. Diese sind: 1. ein Gedicht an L., als Dank für das Feldzeichen; 2. das Gebet, beginnend mit: „Deine Sonne, Herr des Himmels"; 3. die Dichtung: „Als ich schwer verwundet lag im Augenblicke des höchsten Schmerzes" — nicht zu verwechseln mit dem bekannten: „Abschied vom Leben"; 4. ein dichterischer Entwurf auf Wilknitzens Tod; 5. „Das Lied von der Courage" und schließlich 6. „Das Lied von der Rache". Somit bringt die hier vorliegende Veröffentlichung sechs neue, bisher ungedruckt gewesene Dichtungen Theodor Körner's, die aus der höchsten Anspannung seiner Lebens- und Geisteskraft im letzten Vierteljahre seines Heldenlebens hervorgegangen, einen nicht zu unterschätzenden Beitrag zur Kenntniß seiner Persönlichkeit und seines Charakters darbieten.

Jener ersten Ausgabe von „Leyer und Schwerdt", die bereits oben Zeile 3 u. f. w. geschildert ist, folgte noch im gleichen Jahre

eine zweite Ausgabe, die aber nicht etwa als zweite Auflage galt
und anzusehen ist. Diese Ausgabe trägt ebenso wie die allererste
jene Bezeichnung: „Einzige rechtsmäßige, von dem Vater des
Dichters veranstaltete Ausgabe" und unterscheidet sich von ersterer
nur durch eine Zugabe von sieben, auf Theodor Körner und seinen
Tod bezüglichen Gedichten von verschiedenen Verfassern.

Einer außerhalb der Familie Körner veröffentlichten Aus=
gabe von „Leyer und Schwert=Dichtungen" ist hier noch be=
sonders Erwähnung zu thun. Sie dürfte bald nach W. Kunze's
Veröffentlichung der „12 freien deutschen Gedichte" erschienen
sein, denn sie trägt als Datum des Vorberichtes den 13. November
1813. Der Herausgeber ist ein der Gräfin von der Recke und
deren Freund, dem Dichter August Tiedge befreundeter Herr
v. Freymann, der, wie er angiebt, von Freundinnen Theodor
Körner's zu Nachod am 12. October 1813 beauftragt wurde,
„die schönen Momente unseres Theodor's so viel an Ihnen wäre,
mitzutheilen". Unter den Auftraggeberinnen läßt sich auch Frau
Henriette v. Pereira=Arnstein vermuthen. Der Umstand, daß
v. Freymann die von ihm veröffentlichten Dichtungen Theodor
Körner's „aus dem Portefeuille des Gebliebenen" herrühren läßt,
dürfte es wahrscheinlich machen, daß Frau v. Pereira Theodor
Körner's Brieftasche durch den russischen General v. Wallmoden
(siehe oben Seite 15) noch nicht zugeschickt worden, sondern auf
irgend welchem Wege zur Verfügung v. Freymann's gelangt war.
Leider konnten bis jetzt Thatsachen zur Feststellung der Persönlich=
keit und Lebensverhältnisse v. Freymann's noch nicht ermittelt
werden. Das von ihm herausgegebene Büchlein hat kleines
Quartformat und führt den Titel: „Theodor Körner's Nachlaß.
Oder dessen Gefühle im poetischen Ausdruck, bei Gelegenheit des
ausgebrochenen deutschen Freiheits=Krieges. Aus dem Porte=
feuille des Gebliebenen. Leipzig, in der Baumgärtner'schen Buch=
handlung."

Die in diesem Büchlein dargebotenen Dichtungen bilden zwei
Gruppen; die erste den Nachlaß, die zweite den Anhang Zur
ersteren gehören folgende Dichtungen:

1. Morgenlied der Freien (von Theodor Körner als „Morgen=
   lied", in „L. u. Sch." als „Gebet" bezeichnet);
2. Bundeslied vor der Schlacht;
3. Gebet während der Schlacht;
4. Der preußische Grenzadler;
5. An unsre verklärte Königin;
6. Lied zur Einsegnung des Königl. Preuß. Freikorps;
7. Lützow's wilde Jagd;
8. Reiterlied;
9. Trinklied vor der Schlacht;
10. Abschied vom Leben!;
11. Männer und Leben. [10])
        Der Anhang bringt dann:
12. Jägerlied;
13. Lied der schwarzen Jäger;
14. Hofer's Tod;
15. Vor Rauch's Büste der Königin Louise. 1812;
16. Durch;
17. Auf dem Schlachtfelde von Aspern;
18. Hoch lebe das Haus Oesterreich;
19. Trost;
20. Mannes Trost;
21. Schwerdtlied.

Dem Herausgeber dieses Theodor Körner'schen „Nachlasses"
haben unzweifelhaft sowohl die „12 freien deutschen Gedichte"
Körner's bereits im Druck vorgelegen, wie er auch andererseits die
Niederschriften der Kriegslieder in Theodor Körner's Taschen=
buche vielleicht zur Verfügung gehabt haben mag. Anzunehmen
ist über den Verbleib dieses Körner'schen Feldzugs=Taschenbuches,
daß es, wie auch General v. Wallmoden in dem schon (Seite 14)
abgedruckten Briefe andeutet, von einem Kameraden an sich ge=
nommen wurde. [11]) Von diesem Kameraden kann es v. Frey=

---

[10]) Unter diesem fehlerhaften Titel erscheint natürlich der volle
Text der sonst mit „Männer und Buben" bezeichneten Dichtung.

[11]) Friedrich Förster erwähnt, daß er eine Brieftasche Körner's

mann zur Benutzung erhalten haben, worauf es nach dem 30. October 18**36** in die Hände der Frau v. Pereira, „der es (nach v. Wallmoden's Worten) wohl eigentlich gehörte", und schließlich in die Hände von Theodor Körner's Vater überging.

Gegenstände, die nicht in den Rahmen des Körner'schen Textes des Taschenbuches gehören, sind vier darin enthaltene kleine Einlagen, deren hier zusammen kurz gedacht sein soll, da sie dem Gesammtbestande des Taschenbuches angehören. Es finden sich darin zunächst eine schmale grünseidene Haarschleife, alsdann drei getrocknete (gepreßte) Stiefmütterchen, drittens eine Visitenkarte mit Tintenschrift, welche Grüße an Befreundete Theodor Körner's enthält, aber nicht von seiner Hand geschrieben sind, und schließlich ein zusammengefalteter Briefbogen in Halboctav mit folgendem auf beiden Seiten wohl vom Grafen Friedrich v. Kalkreuth eigenhändig mit Tinte geschriebenen, auf Theodor Körner verfaßten, aber bisher noch nicht gedruckten Gedicht.

An Theodor Körner.

Aus einer Quelle stammt alles Leben
aus einem ewgen Götter Schoos;
zu Freud' und Sorgen ward es uns gegeben,
zu einem schönen Himmels Loos.

Nach allen Seiten doch ergießt die Quelle
die ewig unerschöpfte Fluth;
die weiten Auen schnell durchströmt die Welle,
Bringt überall die Götter Gluth. —

Doch strömen kann sie nicht in stetem Frieden
und zürnend bricht sie wild sich Bahn;
nicht sanft und eben ist der Pfad hiernieden
nur kämpfend langt beym Ziel man an.

----

an sich genommen habe, in welcher sich auch noch 2 Zweigulden-scheine u. A. befanden. Diese (schon seit vielen Jahren im Körner-Museum befindlich) ist aber, wenngleich auch in rother Maroquin-lederhülle, viel kleiner als das besprochene Taschenbuch und diente nur zur Aufbewahrung von kleineren Gegenständen, die ebenfalls im Museum verwahrt sind, soweit sie sich beim Tode K.'s darin vorfanden.

Und manche Waſſer wieder dann ſich einen
zu einem trauten Seelen Bund
und wollen auch die Farben anders ſcheinen
die Herzen thun das Bündniß kund.

Getrennt doch rauſchen viel — unaufgehalten —
kein Auge ſchaut das kühne Ziel
Nach Süd und Nord mit zürnenden Gewalten
entſtürzt der Wogen wildes Spiel.

Und kenntlich macht ſie keiner Abkunft Zeichen
ja ſelbſt des Vaters Züge nicht;
und dennoch müſſen ſie in Demuth weichen
dem Geiſte, der in ihnen ſpricht.

Wohin ſie auch raſtloſen Sinns getrieben
ein unſtet haſſendes Gefühl
zuletzt von Süd und Nord, zum ewgen Lieben
verbündet ſie das ein'ge Ziel.

Und wenn auch manche lange einſam wallen,
ein Meer nimmt alle freundlich auf
wo einſt des Vaters Töne tröſtend hallen
an eines Lebens Endes Lauf. —

Denn Brüder wurden alle wir geboren
in einer Mutter Schoos gewiegt
war auch des Seegens fromme Spur verloren,
er find't ſie wieder, unbeſiegt.

Wo aber liebend, klare Silber Wellen
in zarter Jugend ſich vereint —
Da ſieht man ſie in ſchönem Brauſen ſchwellen
von trübem Saamen früh gereint. —

Sie durften ſchnell den rechten Pfad erkennen
der treu ſie führt in's Himmels Meer —
und glaub'! wenn Geiſt und Herz verwandt ſich nennen
ſie lächelt an das Sonnen Heer!

Friedrich G. Kalkreuth.

(Friedrich C. A. Graf v. Kalkreuth, ein Sohn des preuß. Feldmarſchalls
· Fr. Ad Graf v. Kalkreuth, 1813 Gouverneur von Breslau, war 1790
geboren, machte den Feldzug 1813—15 als Freiwilliger mit und zeichnete
ſich ſpäter als deutſcher Schriftſteller aus.)

Weiter ist hier noch zu erwähnen, daß einige Dichtungen, die ursprünglich von Theodor Körner in seinem Taschenbuche niedergeschrieben wurden, auch noch in anderweitigen Niederschriften vorhanden sind, die theilweise der Dichter selbst besorgte, oder die von der Hand seiner Schwester Emma oder dem Abschreiber des Körner'schen Hauses zu Dresden herrühren; hierher gehört z. B. die „Zueignung", die den „12 freien deutschen Gedichten" zuerst vorgedruckt war und am 24. April 1813 in W. Kunze's Schreibstube in Leipzig entstand.

Daß sich das Gedicht „Durch" nicht in dem Taschenbuch eingezeichnet findet, ist darauf zurückzuführen, daß es (ebenso wie ein Stammbuchblatt vom 13. März 1813 für seinen Freund und Kampfgenossen in spe Sommer) noch kurze Zeit vor Körner's Abreise von Wien entstand. Bei Körner's Aufenthalte in Leipzig (vom 19. bis 25. April 1813) übergab er das Gedicht „Durch" seinem Freunde Wilhelm Kunze, der es als siebentes unter den „12 freien deutschen Gedichten" aufnahm. Das Körner-Museum besitzt sogar zwei Niederschriften dieses Gedichtes von der Hand Theodor Körner's, die eine als Entwurf und die zweite als Reinschrift. Nach den bisher gemachten Angaben bleibt nun als Hauptaufgabe übrig, den textlichen Inhalt des Körner'schen Feldzugs = Taschenbuches, wie er sich nach den eingelegten Papierlagen gruppirt, wiederzugeben. Die erste Lage enthält die Aufzeichnungen von der Abreise Theodor Körner's von Wien und den ihr folgenden Thatsachen bis etwa zum 29. Mai; eine zweite Lage bringt ein Journal seines Feldzuges vom 15. März bis mit 22. August; eine dritte Lage ist ganz unbeschrieben geblieben; die folgende vierte Lage bringt Dichtungen, beginnend mit „Der preußische Grenzadler"; die fünfte Lage beginnt mit einem „Gebet" überschriebenen Gedicht, die sechste Lage mit dem Gedicht „Wer den Flammberg schwingen kann"; die siebente Lage zeigt als erste Dichtung: „Männer und Buben", als letzte Dichtung das „Schwerdtlied" und ist durch ein weißseidenes Band mit dem Rücken des Taschenbuches verbunden, während die letzte, die achte Lage, ebenso wie die ersten sechs Papiereinlagen, lose im Buche liegt und unbeschrieben geblieben ist. Ueber die Art und Weise der hier erfolgenden Wiedergabe des von Theodor Körner's Hand oft sehr flüchtig niedergeschriebenen Textes ist noch zu sagen, daß zunächst Weglassungen vom gegebenen Inhalte des Taschenbuches ganz und gar nicht stattgefunden haben. Die Recht=schreibung in Bezug auf den Körner'schen Text erfolgt so, wie sie Körner anwendete und die meist mangelnde Interpunktion ist auch in diesem Zustande belassen worden. Unterpunktirte Wörter bezeichnen, daß Körner das Geschriebene wieder ausgestrichen hat.

Die erste Lage beginnt mit:

Tagebuch.[12])

15. März. Abschied von Wien. Letzte Grüße. Olivier.[13])

16. Qual sitzen. Judengespräche. Brünn. Alte Freunde. Ollmütz. Zusammentreffen Jude. Sternberg. Feuer. Caffee.
Guitarre.

16 oder 17. Retten. Gott hat geholfen. — Gebirge. Schnee
u. Nebel. Visite Postmeisterin. Visitation in Troppau.
Execution. Die Kirche v. Jägerndorf. Reparatur.

18. Elbquellen. Nacht. Der Grenzadler.[14]) Spaziergang.
Neustadt. Die Schildwache

19. Ohlau. Neiße. — Reisegefährte. Ohlau Schlaf. Die
Königin. Meine Uhr. Ankunft in Breslau. Der Vetter.[15])

---

[12]) Dieses „Tagebuch" ist durchgehends von Theodor Körner mit Bleistift niedergeschrieben.

[13]) Friedrich v. Olivier aus Dessau, geb. 1791, Lützower, zeichnete Theodor Körner's Gesichtszüge im Tode kurz vor dessen Beerdigung zu Wöbbelin, den 27. August 1813 (Zeichnung im Körner-Museum). Olivier starb zu München 1859 als Professor und Historienmaler.

[14]) Körner schrieb am 18. März das in „Leyer und Schwert" aufgenommene Gedicht: Der preußische Grenz=Adler.

[15]) Friedrich Benedikt Weber, Professor der Land= und Staats=wissenschaft zu Breslau, war ein Vetter Dr. Ch. G. Körner's.

Rühle. Das Hauptquartier. Mein Engagement. Flottes
Leben. Equipiren. Das Theater. Stollberg. Charpentier.[16)]
20. Die Nacht in Sorge. Visiten b. Hardenbergs. Ritt nach
Tschechwitz. Henze, Büssing, Reichardt. Der Club. Posses.
Langeweile. Wiedersehn.
21. Werther. Conditor. Büchse.[17)] Seiblitz. Weiß. Theater.
Finnland. Posses. Spatzierfahrt. Lehmische Bad! —
Thee u. Souper b. Charpentiers.
22. Meine letzten Gänge. Jägerlied.[18)] Weber's Bekanntschaft.
Abfahrt. Marsch. Singen. Erinnerung. Botengehen.
Schulz. Zobten. Hauptwache. Qual. Einquartierung.

[16)] Toussaint v. Charpentier, geb. zu Freiberg 1779, gest. als
Oberberghauptmann zu Brieg 1847.

[17)] Theodor Körner konnte sich bekanntlich aus eigenen Mitteln
equipiren und trat bei den Büchsenjägern in die 1. Compagnie
ein, bei welcher Compagnie er schon nach vier Wochen (am 24. April
in Leipzig) zum bienstthuenden Lieutenant erwählt und ernannt
wurde. Während seines Aufenthaltes in Dresden vom 6. bis
13. April überreichte ihm sein Vater an Stelle der bisher geführten
einfachen Corpsbüchse eine Doppelbüchse. Infolge dieser Beschenk-
ung scheint erstere in den Besitz eines Kameraden übergegangen zu
sein, der sich nach seiner Dienstzeit in Magdeburg niedergelassen
haben mag, denn daselbst findet sich diese ältere einfache Büchse zur
Zeit noch im Besitze des dortigen Kriegervereins, während die
letztere, als Th. K. am 28. Mai 1813 in Stendal zu Major
v. Lützow's persönlichem Abjutanten ernannt worden war, in den
Besitz von K.'s ehemaligem Nebenmann, Karl Horn, gelangte. In
den Händen dieses Lützowers, des späteren Mitbegründers der Allgemeinen deutschen Burschenschaft und alsbann Pastor zu Babresch
in Mecklenburg-Strelitz, verblieb die überlassene Waffe bis zu dessen
erst am 8. April 1879 in Neubrandenburg erfolgten Tode. Zur
Zeit besitzt sie dessen Sohn, Theodor Horn — leider hat man das
alte Doppelschloß perkussioniren lassen. Durch diesen Lützower
K. Horn war jene Waffe dem Körner-Museum als Beitrag zu den
Körner-Reliquien in Aussicht gestellt worden, dasselbe sieht aber
noch heute der Zusendung derselben entgegen.

[18)] Das hier angeführte „Jägerlied" ist weiter unten unter den
Dichtungen im Taschenbuch an dritter Stelle zu finden.

Nummern u. Wiegen. Zwey Engel. Streu. Gespräche. Wasser und Butterstollen. Schlaf singen. Gute Nacht an alle Freunde.

23. Apell. Gewehr u. Schießen. Wiedersehen. Mittagsmahl. Scheibenschießen. Ferraris.[19] Spaziergang. Nachricht an Gesler.[20] Urlaub. Nacht.

24. Der Bote. Der Gang. Der schöne Arm. Gesler. Bad. Zurückfahrt. Ankunft Ferraris.

25. Exerciren. Schießen. Spaziergang. Ferraris. Jahn.

26. Lied bey Apell. Partie mit Fallenstein[21] und Graf Zedlitz. Fahrt ins Hotel nach dem Diner. Rückfahrt. Spazier= gang. Errinnerungen. Ferraris.

27. Apell. Ferraris. Auszug nach Rochau. Feyerlichkeit. Schwur. Rückmarsch. Der Zobten. Beleuchtung. Schüzen= fahnen. Commersch. Nacht.

28. Apell. Ausmarsch. Zobtner begleiten uns. Erster Ausmarsch. Sang u. Klang. Vorzügler. Spitze. Bivouag. Regen. Muth. Strigau. Einquartirt. Abend bei Möckel.[22] Poetische Gute Nacht.

29. Apell. Vivat an Lützow. Auszug. Unser Schottisches. Die Nachtigallen. Petersdorf.[23] Vivat. Jauer. Beim

---

[19] Ferrari wird von Zenker in seinen „Erinnerungen" als „Kneipier" in Zobten angegeben, bei dem sich der gewähltere Theil der Lützower zusammenfand.

[20] Der hier von Körner Bezeichnete war Graf Karl Geßler, einer der Pathen Th. K.'s. Er war s. Z. preußischer Gesandter in Dresden und mit der Dr. Körner'schen Familie innig befreundet.

[21] Friedrich Fallenstein, geb. zu Cleve 1789, Lützower; gest. als Geh. Finanzrath zu Heidelberg 1845.

[22] Albr. Meckel v. Hembsbach, geb. zu Halle 1789, Lützower; gest. als berühmter Professor der Anatomie zu Bern 1829.

[23] Friedr. v. Petersdorff, geb. 1776; gest. als Generallieutenant 1854, führte fast immer die Infanterie und Artillerie des Freicorps. (Gustav v. Petersdorff, geb. 1789, gest. als Major 1825, war Ritt= meister der II. Schwabron der v. Lützow'schen Cavallerie, bei der Theodor Körner später eintrat.

Kupferschmied. Die Wurst. Den Abend bey Fallenstein auf der Wache. Deputation.

30. Rasttag. Herumgekneipt. bei Jahn. Buchdrucker. Mittag mit Fallenstein. Lebendig werden. Apell. Deputation. Rasen. Ball. Feindes Nähe. Fallenstein u. ich schreiben. ich verbinde Ihn.[24] - Hedwigsbrunnen.

31. Ich komme zu spät. Ausmarsch mit 6 Würsten. Sang u. Klang. Manoeuvriren. Petersdorfs Rede. Bivouac im Wald. Studentenlieder Colonne aufmarschiren. Halt gemacht. Ich werde die Spitze. Gedanken. Goldberg. Tuchmacher. Comödie. Redoute. Die Überraschung. Abendsingen. Ich und Horn[25]) in ein Bett.

1ster April. Ausmarsch mit Sang u. Klang. Schöner Morgen. Manoeuvriren. Petersdorfs Rede. Bivouacq im Walde. Studentenlieder. Löwenberg. Rückerinnerungen. Stellmacher. Mein Gang zu den Majors. Apell. Murren. Parabebefehl Spatziergang. Glühwein. Proclamation Schändliche Nacht.

2ter April. Gang zu Petersdorf. — Bochum. Apell. — Abfahrt. — Meine Gefühle. Die Sächsische Gränze. — Gute Stimmung über Freyheit. Ich spreche! — Federgeschäft — Spatziergang. Schöne Mädchen u. sächsische Reinlichkeit. — Buchdruckerei. Mein Wirth. — Abendessen. Burgemeister. — Resource. Philisterium!! — gute Nacht. Wir stehn auf dem Markt. —

3. April. Ausmarsch. Wir kneipen ein. Begrüßung des Commandos. Erheben des Barons. Wiederfinden. Rabmeritz Mittagsessen. Abendplaisir. Wiedersehen mit Isidorus.[26]) Wunderschöner Ball.

---

[24]) Dieses Verbinden erwähnt Theobor Körner in dem Briefe vom 30. März 1813 an Frau v. Pereira. Fallenstein hatte eine verwundete rechte Hand.

[25]) Carl Horn, bereits Seite 26 unterm 21. März bemerkt.

[26]) Isidorus Orientalis pseud. für O. H. Graf v. Löben,

4ᵗᵉⁿ April. Reise mit F. J. nach Görlitz. Kotmiller, Gersdorf. Harangue. Dem. Anton. Kaufmann X. Rückfahrt und Mittag in Radmeritz. Petersdorf. Großes Diner. Geschäfte bis Abendessen. Ball. Frl. Jbstein u. Löben. Der stumme Gast.

5ᵗᵉⁿ April. Abschied von Jsidor. Verf. d. Gegenwart. Reise mit Petersdorf. Ankunft in Löbau, Bautzen. Arzt.

6ᵗᵉⁿ April. Der Weiße Hirsch Meldung Dresden. Schiffbrücke. Ankunft.

Der Heerzug.

Am 27. Mai ²⁷) Leben in Stendal. Liebenswürdigster Heiraths= vorschlag und Heirathsrequisitor. Nachricht v. Grafen. Grüße. Ingrimm. Entschluß. Abendessen. Briefschreiben. Ständchen. Wandergang. Vernehmung u. Weib. d. 28ᵗᵉⁿ Am Fenster. Hand. Graf Dohna könnt. Ich darf. — Kurzer Schlaf. Ich hohle mir alles herbei. Mein Pferd.²⁸) Der Sattel. Kühlwein. Mein erster Ritt. Langer Abschied. — Nach Lenzlingen. Ich habe viel Geldnoth. Arge Be= dienung. Die alte Dame und die junge Base. Nacht. 29ᵗᵉⁿ Reichs Nachrichten. Aufbruch. Wir bivouaquiren vor Cellerode (?) Cassengeschäfte zum II. Judengeschäfte. Schusterrequisition. Halt vor Altenhausen. Ich requirire. Ritt nach Erxleben. Gränzenlose Abmattung. Abendbrod, Stafette aufgefangen. Bericht. Post. Juliens dunkelblaue Augen. Bivouacq. Treuleben u. Anklam. Bivouacq vor Kleinhausleben u. Helbmarsleben.

Anmerkung. Das letzte sonst leere, aber stark vom Blut durchtränkte Blatt dieser ersten Papierlage enthält auf der inneren

deutscher Dichter, geb. 1786, gest. 1825, war 1813 sächsischer Frei- williger gegen Napoleon.

²⁷) Das ausgestrichene „Mai" ist nach den Angaben unter „Mein Feldzug" doch richtig.

²⁸) An diesem Tage ward Theodor Körner Adjutant Lützow's, vorläufig ohne Königl. Anerkennung.

Seite oben von fremder aber von weiblicher Hand noch die Worte:

Gedenken Sie meiner letzten Bitte! —

Die zweite Lage des eingelegten Schreibepapiers enthält folgenden Text, der durchgehends mit Tinte niedergeschrieben ist und bei dem auch die ursprünglichen Bleistift=Niederschriften mit Tinte überzogen wurden.

Mein Feldzug.

(Oesterreich.)[**)]

d. 15ten März. Abreise von Wien.
d. 16ten = Brünn, Ollmütz, Sternberg.
d. 17ten = Troppau. Jägerndorf.

(Preußisch - Schlesien.)

d. 18ten = Neustadt. Neisse.
d. 19ten = Breslau. Engagement.
d. 20ten }
d. 21ten } = Rasttag.
d. 22ten = Zobten.
d. 23ten = dito. Flügelmann.
d. 24ten = Gang nach Reichenbach.
d. 25ten = Zobt. Exerciren.
d. 26ten = dito. Graf Zeblitz.
d. 27ten = = Einsegnung.
d. 28ten = Strigau.
d. 29ten = Jauer.
d. 30ten = Rasttag.
d. 31ten März. Goldberg.
d. 1sten April. Löwenberg. Fourier und Oberjäger.

[**)] Die in Klammern gedruckten Landes = und Provinzangaben sind vom Herausgeber zur besseren Uebersicht des Oertlichen aufgeführt.

(Königreich Sachsen.)

d. 2ten April. Lauban. Oberjäger.[30])

d. 3ten April. Radmeritz.

den 4ten April. — Reise nach Görlitz.

den 5ten = Reise nach Bautzen.

d. 6ten = Ankunft in Dresden.

den 7ten =

= 8ten =

= 9ten =

= 10ten = } Dresden.

= 11ten =

= 12ten =

= 13ten =

d. 14ten Steinbach.

d. 15ten Rasttag.

d. 16ten Waldheim.

d. 17ten Grimma.

d. 18ten Leipzig.

d. 19ten

= 20ten

= 21ten

= 22ten } Leipzig.

= 23ten

= 24ten } Lieutnant.[31])

den 25ten April. Steudtz.

= 26ten = Biv. vor Skopau.

(Anhalt - Dessau.)

= 27ten = Biv. vor Klebzig.

---

[30]) Gleichzeitig mit Körner wurde v. Berenhorst aus Dessau zum Oberjäger ernannt; Ersterer ward, wie unter dem 24. April zu ersehen, bald zu höherer Stelle befördert.

[31]) W. Kunze theilt in einem Berichte über Theodor Körner mit, daß Th. K. am Tage vor dem Abmarsch (der Sonntag, den 25. April, Mittags stattfand) zum Lieutenant ernannt wurde und daß er ihm bei der Offiziers-Equipirung behülflich war.

den 28ⁿᵉⁿ April. Deſſau ³²).
= 29ᵗᵉⁿ = Raſttag.
= 30ᵗᵉⁿ = Zerbſt.

(Königreich Preußen.)

= 1ſᵗᵉⁿ Mai. Ziegelsdorf.
= 2ᵗᵉⁿ = Genthin.
= 3ᵗᵉⁿ = Raſttag.
= 4ᵗᵉⁿ • Schmitzdorf.
= 5ᵗᵉⁿ = Havelberg.
den 6ᵗᵉⁿ = Raſttag.
= 7ᵗᵉⁿ = Wittenberge.
• 8ᵗᵉⁿ = Raſttag.
= 9ᵗᵉⁿ = Communion. Poltz.
= 10ᵗᵉⁿ = Kalis.
= 11ᵗᵉⁿ = Biv. v. Göhrde.
= 12ᵗᵉⁿ = ✕. Hitzacker. Dönitz.
= 13ᵗᵉⁿ = Malliß.
= 14ᵗᵉⁿ = Melln („Mellen" d. Herausg.).
den 15ᵗᵉⁿ Mai. Perleberg.
den 16ᵗᵉⁿ = Raſttag.
den 17ᵗᵉⁿ Mai. Wilsnack.

den 18ᵗᵉⁿ
den 19ᵗᵉⁿ
den 20ᵗᵉⁿ } Sandau.
den 21ᵗᵉⁿ
den 22ᵗᵉⁿ

den 23ᵗᵉⁿ = Schönhauſen. Commiſſarius.
den 24ᵗᵉⁿ = Stendal.

---

³²) Hier war Theodor Körner nach einem im Körner-Muſeum
befindlichen, von K. an W. Kunze in Leipzig geſchriebenen Brief, im
elterlichen Hauſe ſeines Kameraden v. Berenhorſt einquartirt. v. B.
fiel im Gefecht bei der Göhrde am 16. September 1813 von mehreren
Kugeln getroffen. Er ſoll mit den Worten: „Körner, ich folge Dir"
zuſammengeſunken ſein.

d. 25ten Mai ⎫
d. 26ten = ⎪
d. 27ten = ⎬ Stendal.
d. 28ten = ⎭ Adjutant.

den 29ten = Lenzlingen („Letzlingen" d. Herausg.).
den 30ten = Erxleben.
den 31ten = Herdeborn(„Heteborn" d.Herausg.).(Halberstadt).
den 1sten Juni. Altenroda: Leimbach. Eisleben. Schmidt.[33]
Italien.

(Großherzogthum Sachsen-Weimar.)
d. 2ten = Allstädt. Wendelstein. Buttstädt.
d. 3ten = Rastenberg. Buttstedt. Rastenberg. Übergang über die Saale.
d. 4ten = Roda. Neustadt. (Gefangene.[34]
d. 5ten = Rasttag.
d. 6ten = Schleitz, Mühltroff.

(Königr. Sachsen u. angrenz. Landestheile.)
d. 7ten = Plauen, Ölsnitz.

---

[33] Carl Schmid, gest. 1845 als Hüttenmeister, stammt aus Eisleben und war früher mit Theodor Körner Bergstudent. Edm. Sträter veröffentlichte in Nr. 67 und 68 der „Post" vom 8. und 9. März 1891 Briefe Th. K.'s an denselben.

[34] Die Gefangennahme von vierhundert Rheinbundstruppen berichtet unter gleichem Datum auch Ab. S. (Schlüsser) in „Geschichte des Freicorps", Seite 28. — Die Jenaische Zeitung Nr. 41 vom 27. September 1891 giebt jedenfalls einen genaueren Bericht nach Ernst Ackermann's Schrift: Geschichtl. Skizzen über das Schützenhaus in Roda, 1875: Leutnant v. Tümpling, der in Roda das Kommando von 120 Mann weimarischer Landmiliz (sogen. Defensioner) führte, war gerade vom Lohmplatz in die Stadt auf den Markt gerückt, als sie von 50 berittenen Lützowern umgeben und von Lützow, den Körner begleitete, zum Waffenstrecken veranlaßt wurden. Sie mußten Gewehre und Patronen abgeben und wurden aufgefordert, bei Lützow Dienste zu nehmen. Die am Lohmholz vor der Stadt lagernden Lützower Reiter mußten außerdem von der Stadt verpflegt werden. — Bei Ab. Schlüsser sind Mannschaften (400) und Zahl der Offiziere (9) wohl zu hoch angegeben.

Th. Körner's Tagebuch ꝛc.

d. 8ten Juni. Eichigt.[35])

d. 9ten = Ölsnitz. Nachricht vom Waffenstillstand.

d. 10ten = Plauen. Aufbruch nach Altensalze.

d. 11ten = Treuen. Plauen.

d. 12ten = Plauen. Schießhaus.

d. 13ten = Allarm.

d. 14ten = Plauen. Courier.

d. 15ten = Langenwaizdorf („Langenwetzendorf" d.

d. 16ten Juni. Gera. Golma.[36]) [Herausg.).

d. 17. = Ritzen. Schlacht. Holz b. Gr. Schocher.

d. 18. = Großschocher.

d. 19. = Leipzig.

den 20.

d. 21.

d. 22. } Leipzig.

d. 23.

d. 24.

---

[35]) Während des hier unter dem 8. Juni 1813 angegebenen Aufenthaltes vor dem Dorfe Eichigt (dessen Namen Körner genau so schrieb, wie er noch heute amtlich gilt,) schrieb Th. K. einen Brief an Frau v. Pereira, der auch in der Wolff'schen Briefsammlung den Ortsnamen „Auhigt" führt, was möglicherweise aus der früheren Schreibweise des Ortes „Aichigt" (wie Herr Ost. Böhme aus Reichenbach i. V. angiebt) durch falsches Abschreiben entstanden sein kann. Daß Herr O. Böhme aber den Brief vom 9. Juni geschrieben sein läßt, ist ein Fehler, denn am 9. Juni hätte Th. K. von „Oelsnitz" aus abreisen müssen. — Zur Erinnerung an dieses Feldlager vor Eichigt und an Th. K. wurde am 23. September 1891 in der Nähe des „schwarzen Husaren-Birnbaums", der eben nach K. so benannt wird, eine Eiche gepflanzt und mit Erinnerungstafel versehen. Das Feldlager war damals neben der alten Klosterschenke aufgeschlagen.

[36]) Von hier aus wurde wohl ein im Körner-Museum befindlicher, mit Bleistift geschriebener Zettel nach dem nahen Gnandstein an Alexander und Julie v. Einsiedel durch irgend einen Boten abgeschickt, welcher Grüße bringen und von Theodor Körner's Wohlbefinden berichten sollte. — Die Schreibweise K.'s, Golma für Gorma, beruht wohl auf fehlerhaftem Hören dieses Dorfnamens.

d. 25. Juni |
d. 26. = | Rahnsdorf.

d. 27ten Gnaudstein.

d. 28ten Chemnitz. Altenbg.[37]) Gottesgabe.

(Kaiserthum Oesterreich [Böhmen].)

d. 29ten Joachimsthal. Schlackenwerth. Carlsbad.

den 30ten Juni |
den 1sten Juli |
den 2ten = |
d. 3ten = |
d. 4ten = |
d. 5ten = |
d. 6ten = |
d. 7ten = | Carlsbad.

---

[37]) Daß Theodor Körner hier „Altenberg" angiebt, ist sehr auffällig, denn den einzigen, wohl 18 bis 20 Meilen von Chemnitz ent-
fernten Ort dieses Namens in Sachsen konnte K. im Laufe des
28. Juni 1813 nicht erreichen und passiren, um gleichen Tages noch
in Gottesgabe anzulangen, und daß er Nachts 12 Uhr in diesem
Grenzamtsorte angelangt ist, beweist eine im Körner-Museum auf-
bewahrte Original-Geleitsurkunde, die das Datum des 28. Juni
trägt. Th. K. wollte wohl (zwischen Chemnitz und Gottesgabe) den
Namen der Stadt „Annaberg" angeben, die er nach dem Berichte
eines Chemnitzers in Gesellschaft desselben am Abend des genannten
Tages erreichte, wie es von W. St. auf Seite 384 der „Gartenlaube"
von 1863 dargestellt wird. Ueber diesen mit „W. St." Bezeichneten
theilt Prof. Dr. Adolf Müller in der vierten Beilage des Chemnitzer
Tageblatts und Anzeigers Nr. 7 von 1893 mit: Auf der Reise von
Leipzig nach Karlsbad hat der verwundete Dichter Th. K. auch unsere
Stadt Chemnitz berührt und bei einer vertrauten Familie in einem
Haus am hiesigen Hauptmarkte — wahrscheinlich in dem Hause
Nr. 8, neben dem blauen Engel — übernachtet. Der verstorbene
Buchhändler Starke, an der Nikolaibrücke, hat in Bekanntenkreisen
oft erzählt, wie er damals K. unter seine Obhut genommen und von
hier über Annaberg glücklich über die Grenze gebracht und nach
Böhmen geleitet habe. — Als die Nacht, welche Th. K. in Chemnitz
zubrachte, ergiebt sich somit die vom 27. zum 28. Juni liegende.

3*

d. 8ten Juli
d. 9ten =
d. 10ten =
d. 11ten = Ball
d. 12ten =
d. 13ten =
d. 14ten =
den 15ten = Schönhofen.
den 16ten = Melnick.
den 17ten = Gitschin.
den 18ten = Arnau.

(Königreich Preußen.)

den 19ten Juli. Schweidnitz.
den 20ten = Reichenbach [38]).
den 21ten = (Stein, Thielemann, Pfuel, Arndt)
den 22ten •
den 23ten =
den 24ten =
den 25ten =
den 26ten = Reichenbach.
den 27ten =
den 28ten =
den 29ten =
den 30ten =
den 31sten = Strehlen. Müffling.
d. 1sten August. Ohlau, Öls, etc. Trebnitz.
d. 2ten = Trachenberg, Züllichau.
d. 3ten = Crossen, Ziebingen. Frankfurth.
d. 4ten = Berlin.

---

[38]) Ueber den Aufenthalt Theodor Körner's in Reichenbach giebt auch ein Brief des Grafen Geßler, der unter dem 10. November 1813 an Dr. Ch. G. Körner gerichtet ist, Auskunft; Geßler giebt an, daß sich Th. K. vom 19. bis 31. Juli bei ihm aufgehalten habe. — Dieser Original=Brief befindet sich im Körner=Museum.

den 5ten August ⎫
den 6ten   = ⎪
den 7ten   = ⎬ Berlin.
den 8ten   = ⎭
den 9ten   = Bötzow. Fehrbellin (Vorstel).
d. 10ten   = Kyritz, Kletzschke (besser: Kletzke). Perleberg.

(Großherzogthum Mecklenburg-Schwerin.)

d. 11ten   = Grabow.
d. 12ten   = Ludwigslust, Schwerin.
d. 13ten   = Gadebusch, Ratzeburg.
d. 14ten   = Rhena (besser: Rehna), Wismar.
d. 15ten   = Gadebusch, Wittenburg.
d. 16ten   = Lauenburg, Büchen.
d. 17ten   = Büchen. ✕
d. 18ten   = Büchen.
d. 19ten   = Gresse.
den 20ten Agst. Bengersdorf, Schindelsfelde. [39])
den 21ten Agst. Velahn [40]). ✕   [Herausg.).
d. 22ten Agst. Tobbin. Biv. Buchenhain („Buchenhof"? d.

Hier schließt das von Theodor Körner geführte Tagebuch; die weiteren Stationen für die noch fehlenden Tage bis zu seinem Tode finden sich in den Nachtragsbemerkungen zum „Schwert=liebe" S. 103 u. 104.

Die folgenden leeren Blätter dieser Papierlage enthalten auf der Rückseite des vierten Blattes die mit Bleistift geschriebenen Namen: Schober und Vietz blieben.

Gammotin, Hülseburg, Horst: Gekämpft.

Die nun folgende dritte Papierlage von nur 3 Briefbogen ist unbeschrieben; ihr folgt eine vierte sehr starke Einlage, welche theils mit Tinte, theils mit Bleistift niedergeschriebene Dichtungen Körner's aus der Zeit, da sich derselbe beim v. Lützow'schen Frei=corps befand, enthält.

---

[39]) richtig: Schildfeld. — [40]) besser: Vellahn.

Kriegslieder.

Der preußische Grenzadler.[41]

am 18ten März, 1813.

Sei mir gegrüßt im Rauschen Deiner Flügel
Das Herz verheißt mir Sieg in Deinem Zeichen.
Durch, edler Aar![42] Die Wolke muß Dir weichen,
Fleug rächend auf von Deiner Todten Hügel
Das freie Roß gehorcht dem Sclavenzügel
Den Glanz der Raute seh ich welk verbleichen
Der Löwe krümmt sich unter fremden Streichen
Du nur erhebst mit neuem Muth die Flügel!

Bald werd ich unter Deinen Söhnen stehen
Bald werd ich dich im Kampfe wiedersehen,
[43] Du wirst voran zu Sturm, zu Freiheit wehen.

Und was dann immer aus dem Sänger werde,
Heil ihm, erkämpft er auch mit seinem Schwerdte,
Nichts als ein Grab in einer freien Erde.

---

[41] Die ganze Niederschrift des Sonetts ist mit Tinte geschrieben. — Der gemeinte Grenzadler wurde von Theodor Körner da wahrgenommen, wo die Poststraße von Jägerndorf kurz vor dem preuß. Städtchen Neustadt die Grenze von Oesterreich und Preußen überschreitet.

[42] Vergl. hierzu das Gedicht „Durch", S. 32 in „Leyer und Schwert", Berlin, 1814.

[43] Die hier beginnenden Angaben von den verschiedenen Lesarten erstrecken sich hauptsächlich auf die textlichen Abweichungen, wie sie sich in der vom Vater Theodor Körner's 1814 bei Nicolai in Berlin veranstalteten Ausgabe von „Leyer und Schwert", die als

An unsre verklärte Königin.[44])

am 19ten März, 1813.[45])

Du Heilige, hör deiner Kinder Flehen,
Es dringe mächtig auf zu deinem Licht,
Kannst wieder freundlich auf uns niedersehen,
Verklärter Engel! länger weine nicht.[46])
Denn Preußens Adler soll zum Kampfe wehen,
Es drängt dein Volk sich jubelnd zu der Pflicht,
Und jeder wählt, und keinen siehst du beben,
Den freien Tod für ein bezwungnes Leben.

Wir lagen noch in feige Schmach gebettet,
Da rief nach dir dein besseres Geschick.
An die unwürd'ge Zeit warst du gekettet,
Zur Rache mahnte dein gebrochner Blick.
So hast du uns den deutschen Muth gerettet.
Jetzt sieh auf uns, sieh auf dein Volk zurück,
Wie alle Herzen treu und muthig brennen.
Nun woll' uns auch die Deinen wieder nennen.

Und wie um[47]) alle Kräfte zu beleben,
Ein Heiligenbild für den gerechten Krieg,

---

erste Auflage anzusehen ist, vorfinden. Da zeigt obige Stelle unter:
der preußische Grenzadler, Zeile 11 und 12 den Wortlaut:
„Du wirst voran zum Sieg, zur Freiheit wehen'
Und was auch immer aus dem Sänger werde
u. s. w.
[44]) Die ersten zwei Strophen sind mit Tinte, die letzten beiden
mit Bleistift niedergeschrieben.
[45]) „L. u. Sch.", 1. Aufl., giebt als Titel nur: An die Königin
Luise; dagegen die „L. u. Sch." vorausgegangenen „Zwölf freie
deutsche Gedichte" Seite 28: An die Königin von Preußen, 1813.
[46]) In „L. u. Sch." schließt die vierte Zeile der ersten Strophe
mit Ausrufungszeichen.
[47]) „L. u. Sch." hat: Und wie einst alle Kräfte zu beleben,
u. s. w.

dem Heerespanner schützend zugegeben
Als Oriflamme in die Lüfte stieg,
So soll dein Bild auf unsern Fahnen schweben
Und soll uns leuchten durch die Nacht zum Sieg
Luise sey der Schutzgeist deutscher Sache,
Luise sey das Losungswort zur Rache.

Und wenn wir dann der Frankenschar⁴ᵇ) begegnen
Wir stürzen uns voll Zuversicht hinein
Und mögen tausend Flammenblitze regnen
Und mögen tausend Tode uns umdräun
Ein Blick auf deine Fahnen wird uns segnen
Wir stehen fest, wir müssen Sieger sein!
Und wer dann fällt für Tugend, Recht und Wahrheit
Du trägst ihn sanft zu deiner ewgen Klarheit.

Jägerlied⁴ᵈ)
fürs
Frei-Corps.⁵⁰)

Nach der Weise: Auf, auf, ihr Brüder und seid stark.

Frisch auf ihr Jäger, frei und flink
Die Büchse von der Wand.

---

⁴ᵇ) „L. u. Sch." hat: Und wenn wir dann dem Meuter-Heer
begegnen u. s. w.

⁴⁹) Ueber dieses mit Bleistift niedergeschriebene „Jägerlied",
welches, wie schon bemerkt ist, am 22. März in Zobten gedichtet
wurde, berichtet der einstige Waffengefährte Körner's, Karl Horn
(s. S. 26, Anmerk. 17), in einem dem Herausgeber dieses Tagebuchs
am 17. October 1871 aus Babresch (bei Oertzenhof in Mecklenburg-
Strelitz) geschriebenen Briefe u. A. Folgendes: „Sie haben mir durch
die Uebersendung eines mir überaus werthvollen Geschenkes eine
große Freude bereitet; in dem Bilde, welches die Statue des lieben,
mir seinen Kampfgenossen und — wenigstens zu Anfang des Frei-
heitskrieges 1813, als das Lützow'sche Corps im März von Zobten
ausrückte, nahestehenden Gefährten — in lebendiger Erinnerung der

Der Muthige bekämpft die Welt
Frisch auf den Feind, frisch in das Feld
Fürs deutsche Vaterland.

Liebe und Treue verbleibenden Freundes darstellt. Als ich es sah, konnte ich den Meinigen nur zurufen: ja, ja, grade so sah Theodor Körner aus, das sind die rechten Gesichtszüge, so frisch und kräftig, auf Hoffnung gegründete Begeisterung aus seinen hellen und klaren Augen strahlend, trat er zu Breslau Mitte März in das Gastzimmer des Hotels, in welchem des Lützow'schen sich bildenden Corps Bureau errichtet war. Wir jungen Leute von den Universitäten — meist Jenenser, dann auch Hallenser und Berliner ꝛc. — saßen jubelnd an einem langen Tische, an welchem der alte Jahn, Friesen u. A. uns präsidirten. Es öffnete sich rasch die Thür und ein in Jugendfrische blühender junger Mann in Bergmannstracht erschien fragend: ob Jahn zugegen sei? als dies bejaht wurde, wandte er sich zu demselben, und entschwand bald meinen Augen wieder; erst in Zobten traf ich wieder mit ihm zusammen. Dorthin hatte ich mich mit mehreren Cameraden einige Tage darauf begeben, nachdem wir zu Breslau eiligst unsre Rüstung so gut wie möglich vollendet. Wir kamen spät am Abend in Zobten an, wo uns Feuerwerk und Illumination bewillkommte, und in den engen Straßen viele uns Begegnenden in gehobenster Stimmung uns begrüßten und zum Gasthof bei Ferrari hinwiesen, welcher sich uns unter dem Jubel von hunderten kampfbegieriger junger Männer schon von selbst einladend darstellen werde. So geschah's denn auch; die Nacht schwand dahin unter Kriegsgesängen vor und in dem Gasthofe; der Schlaf kam wohl sehr Wenigen in die Augen, Schlafstätten blieben selten; Viele lagerten poculirend auf der Gasse: Der angehende Kämpfer mußte ja darthun, daß er alle kommenden Strapazen ertragen werde. Morgens früh riefen dann die Hörner zum Sammeln auf den Markt hin; zwei Jägercompagnien sollten sich hier bilden. Als ich hinzu trat, gerieth ich zu der 1ten. Man rief mir zu: „aufstellen, messen!" Siehe da — ich schien ein wenig größer als der Flügelmann; dieser etwas bestürzt, reichte mir freundlich die Hand mit den Worten: „Camerad, überlaß mir die Stelle; ich habe mich sehr dazu gefreut; wir wollen auch gute Cameradschaft halten." Ich blickte in sein fröhliches Auge, sagte zu und stellte mich neben ihn, in welchem ich den „Bergmann" wieder erkannte. Wer er war, wie er hieß, wußte ich noch nicht, wie die Meisten es nicht wußten, welche sich in die Compagnie eingereiht hatten, und deshalb nicht ohne einiges Murren

Aus Westen, Nord und Süd und Ost
Führt [51]) uns der Rache Strahl.
Vom Oberslusse, Weser, Main,
Dem Elbestrom, dem Vater Rhein
Und aus dem Donauthal.

———————

verblieben, da mir ja nach ihrer strengen Ansicht der Vorrang in
Leibesgröße gebühre. Das Murren störte mich nicht; ich blieb bei
meiner Zusage, und bald erfuhr ich auch, wem ich sie gemacht. Es
wurden sofort lange Zettel in Grün und Roth vertheilt, auf denen
das Lied: „auf, auf, ihr Jäger frei und flink; die Büchse von der
Wand" gedruckt stand. Mit diesem Liebe rückten wir aus Zobten.
„Wer hat das Lied gemacht?" erscholl's dann in den Reihen. Das
hat der „Flügelmann" gemacht, ward geantwortet. „Hoch lebe
unser Flügelmann! Da capo das Lied!" hieß es weiter. So ging's
fort bis zum Nachtquartier — war's in Neumarkt, oder? ich hab's
nicht in Erinnerung. Die Compagnie wurde hier aufgefordert,
2 Oberjäger sich zu wählen; natürlich ging Th. K. zuerst aus der
Wahl hervor, und es folgte v. Bährenhorst. K. verblieb nun mein
Flügel-Oberjäger bis nach Dresden hin; er, Bährenhorst und ich
bildeten bis dahin auch immer die Spitze des vorrückenden Corps
und theilten in der Regel auch das Quartier. Wir wurden so be-
kannter und gingen muthig hoffend dem Feinde unter andauernden
von frischer Begeisterung durchdrungenen Gesprächen entgegen. Wie
sehr die ernsten gehaltreichen Worte mich, den etwa 3 Jahr jüngeren
oft etwas studentenmäßig Uebersprudelnden und von den älteren
Gefährten dann in ernster, doch stets liebevoller Weise Zurechtge-
wiesenen, auf den ferneren Wegen durch die Kriegesstürme, das nach-
her wieder angenommene Universitätsleben erweckend hindurch be-
gleitet haben; — wie vermöchte ich dies Alles hier in Kürze zu
schildern. Meine Studierstube ziert zur Zeit noch als ein herrliches
Erinnerungszeichen Th. K.'s Büchse, welche mir, der ich eine schlechte
Corpsbüchse in Breslau erhalten, späterhin zu Theil wurde, als
K. die Jägercompagnie verließ, um mit Lützow kurz vor dem Waffenstillstand zu Pferde den Zug nach dem Voigtlande hin zu machen.
Ich sah K. erst wieder, als er nach Heilung seiner Kopfwunden,
welche ihm freventlich bei Kitzen geworden, zu unserm Corps zurück-
kam, unsern dringenden Bitten nicht nachgeben zu können glaubte: zu
uns Jägern zurückzukehren; bald darauf war es ihm ja beschieden,
den Heldentod bei Rosenhagen — tief betrauert von allen, die seines
Umgangs sich zu erfreuen gehabt, zu erleiden. In einfacher Weise

Doch Brüder sind wir allzusammen
Und das schwellt unsern Muth
Uns knüpft der Sprache heilig Band
Uns knüpft ein Gott, ein Vaterland,
Ein treues, deutsches Blut.

Nicht zum Erobern zogen wir
Vom väterlichen Heerd ·
Die schändlichste Tirannenmacht [52]
Bekämpfen wir in freud'ger Schlacht
Das ist des Blutes werth.

Ihr aber, die uns treu geliebt,
Der Herr sey euer Schild
Beschützen [53] wir mit unserm Blut
Denn Freiheit ist das höchste Gut
Und wenn's ein Leben gilt.

Drum wackre [54] Jäger, flink und frisch,
Wenn auch das Liebchen weint.

---

wurde er zu Wöbbelin bestattet; bei der Bestattung bin ich auch
zugegen gewesen und habe Thränen der Liebe und Verehrung gleich
allen seinen Kampfgenossen vergossen. Welch großer Segen sein Er-
scheinen im Freiheitskriege, wie in dem letzten gegen den neu-
erwachten Erbfeind des deutschen Stammes geschafft; ich vermag's
nicht auszudrücken; die Errichtung seines Denkmals in Dresden,
dessen Weihefeier ich freudig dankend im Geist beiwohnen werde,
wird's aller Welt kundgeben, welche vaterländische Gesinnung in
treuen Herzen sich bewahrt hat."

[50] Zn „L. u. Sch." fehlen die Worte: „fürs Frei-Corps".
[51] „L. u. Sch." hat: Treibt uns der Rache Strahl.
Vom Oberflusse, Weser, Main,
Vom Elbstrom und vom Vater Rhein.
[52] „L. u. Sch." hat: Thrannenmacht.
[53] „L. u. Sch." hat: Bezahlen wir's mit unserm Blut
Denn Freiheit ist das höchste Gut
Ob's tausend Leben gilt.
[54] „L. u. Sch." hat: Drum muntre Jäger, frei und flink,
Wie auch das Liebchen weint u. s. w.

Gott hilft uns im gerechten Krieg
Frisch in den Kampf, Tod oder Sieg,
Frisch, Brüder auf den Feind.

Jägerruf.[55])

Ins Feld, ins Feld, die Rachegeister mahnen
Auf, deutsches Volk zum Krieg.
Ins Feld, ins Feld, hoch flattern unsre Fahnen,
Sie führen uns zum Sieg.

Klein ist die Schaar, doch groß ist das Vertrauen
Auf den gerechten Gott.
Wo seine Engel ihre Vesten bauen
Sind Höllenkünste Spott.

Wer sich ergiebt, fluch ihm, er ist verlohren,
Er ruft umsonst Pardon.
Der Henkersknecht hat Haß und Tod geschworen
Der freien Legion.[56])

Drum[57]) gebt auch keins. Könnt ihr das Schwerdt nicht heben
So würgt sie ohne Scheu
Und hoch verkauft den letzten Tropfen Leben,
Der Tod macht alle frei.

---

[55]) „L. u. Sch." hat: Lied der schwarzen Jäger.
Nach der Weise: Am Rhein, am Rhein 2c. 1813.
Das ganze Gedicht ist in dem Taschenbuche mit Bleistift nieder-
geschrieben.

[56]) Diese ganze 4zeilige Strophe ist vom Vater Theodor Körner's
nicht in „L. u. Sch." aufgenommen worden.

[57]) Infolge der Weglassung des vorerwähnten Verses mußte sich
dieser Anfang so gestalten, wie ihn „L. u. Sch." giebt: Gebt kein
Pardon! Könnt ihr das Schwerdt nicht heben u. s. w.

Noch trauern wir im schwarzen Rächerkleide
Um den gestorbnen Muth)
Doch fragt man euch, was dieses Roth bedeute,
Es [58]) deutet Frankenblut.

Drum frisch [59]), einst geht hoch über Feindes Leichen
Der Stern des Friedens auf,
Dann pflanzen wir ein erstes Siegeszeichen
Am freyen Rheinstrom auf.

Einsegnungslied. [60])

Wir liegen jetzt im Gotteshaus
Andächtig auf den Knien
Uns ruft die Pflicht zum Kampf hinaus
Und alle Herzen glühen.
Doch was uns mahnt zu Sieg und Schlacht,
Hat Gott ja selber angefacht.
Dem Herrn allein die Ehre.

---

[58]) „L. u. Sch." hat: Das deutet u. s. w.

[59]) „L. u. Sch." hat: Mit Gott! — Einst geht u. s. w. und
weiterhin in der dritten Zeile: ein weißes Siegeszeichen u. s. w.

[60]) Diese Choral-Dichtung ist ganz mit Bleistift niedergeschrieben.
— In „L. u. Sch." führt sie die Ueberschrift: Lied zur feierlichen
Einsegnung des Preußischen Frei-Corps. — Gesungen in der Kirche
zu Rochau in Schlesien am 28ten Mai 1813 nach der Weise: Ich will
von meiner Missethat ꝛc. — Dort lauten die ersten Zeilen der ersten
Strophe aber:

Wir treten hier im Gottes-Haus
Mit frommen Muth zusammen.
Uns ruft die Pflicht zum Kampf hinaus
Und alle Herzen flammen u. s. w.

Der Text dieses Liedes, auf grüne Zettel gedruckt, gelangte hier
in der Kirche zur Vertheilung; wie schon auf S. 42, Anmerk. 49 bemerkt wurde, daß am 22. März auch Körner's „Jägerlied" an seine
Kameraden auf farbigen Zetteln ausgetheilt und sofort nach be-
kannter Melodie gesungen worden war.

Der Herr ist unsre Zuversicht
Wie schwer der Kampf auch werde
Wir streiten ja für Recht und Pflicht
Und für die heilge Erde.
Drum retten wir das Vaterland
Da⁶¹) that's der Herr durch unsre Hand
Dem Herrn allein die Ehre.

Es bricht der freche Übermuth
Der Tirannei zusammen
Es soll der Freiheit heilge Gluth
In allen Herzen flammen.
Drum kühn⁶²) in Kampfes Ungestüm
Gott ist mit uns, und wir mit ihm.
Dem Herrn allein die Ehre.

Er naht⁶³) uns jetzt mit Siegerlust
Für die gerechte Sache
Er rief uns⁶⁴) selbst in unsre Brust
Auf deutsches Volk erwache.
Und führt uns, wärs auch durch den Tod
Zu seiner Freiheit Morgenroth.
Dem Herrn allein die Ehre.⁶⁵)

––––.

⁶¹) „L. u. Sch." hat: So that's u. s. w.
⁶²) „L. u. Sch." hat: frisch.
⁶³) „L. u. Sch." hat: weckt.
⁶⁴) „L. u. Sch." hat: es.
⁶⁵) Von diesem Einsegungsliede ist noch eine Theodor Körner'sche, auch im Körner-Museum befindliche Tinten-Niederschrift vorhanden, die sich als Manuscript zu den „Zwölf freien deutschen Gedichten" erweist, die Wilhelm Kunze im Auftrage Th. K.'s in Leipzig im April drucken lassen sollte. In dieser Niederschrift giebt K. selbst an, daß der Text in der Kirche zu „Rochau (sic!) am 28. März 1813" gesungen worden sei. Diese Zeitangabe entspricht ebensowenig wie jene vom Vater K.'s gegebene (28. May) der wahren Thatsache, die Th. K. selbst in seinem oben

Am Hedwigsbrunnen

bey Jauer.[66])

Wie sprech ich's aus, was meine Brust durchzittert
Der Freude wie der Wemuth Schwingen tragen
Das milde Herz zu liebefrohen Tagen.
Von keinem falschen Odemzug verbittert[67])
Wer hat mein freyes Paradies umgittert?
Wer durfte mich in diese Fesseln schlagen?
Nur meine Pflicht, mein Wille konnt' es wagen[68])
Und meines Lebens Freudenbaum zersplittert.
Doch griff ich nicht mit rascher Hand zum Schwerdte
Daß blutentsündigt aus der freyen Erde
Ein heilig Werk jung und lebendig werde.
Es spricht's ein Gott im Rauschen dieser Wellen
Am Klippenherzen muß das Sein[69]) zerschellen
Und aus dem Tode soll das Leben quellen.

---

ausführlich gegebenen Tagebuch seines Feldzuges richtig anführt,
daß die Einsegnung des Lützower Frei-Corps am 27. März stattgefunden habe. Weitere Varianten dieser zweiten Niederschrift sind
außerdem: die erste Zeile der ersten Strophe des Liedes zeigt die
Worte: Wir treten u. s. w; über „treten" ist das Wort „stehen" ausgestrichen. — In der zweiten Zeile hat Th. K. das Wort „Muth"
mit niederzuschreiben irrthümlich unterlassen. — Die fünfte Zeile
enthält am Anfang: „Ach" statt „denn". — Die dritte Strophe zeigt
den Anfang: Er bricht den frechen Übermuth u. s. w. — Die vierte
Strophe hat in der dritten Zeile „ruft" statt „rief".

[66]) Ist ganz mit Bleistift niedergeschrieben. — „L. u. Sch." hat
unter dem Titel noch die Zahl: 1813.

[67]) „L. u. Sch." hat: Von keinem Thränengifte mehr verbittert.

[68]) „L. u. Sch." S. 47 hat:
> Den lieber Sohn ins Kriegsgetümmel jagen?
> Wer hat mir meinen Freudenbaum zersplittert?
> Wie? griff' ich nicht mit freier Hand zum Schwerdte
> Daß blutversöhnend aus der deutschen Erde
> Ein heilig Wort jung und lebendig werde? —

[69]) „L. u. Sch." hat: die Kraft.

am 31ᵗᵉⁿ März.

An das deutsche Volk.[*)]

Frisch auf, mein Volk. Die Flammenzeichen rauchen
Hell aus dem Norden bricht der Freiheit Licht
Du sollst den Stahl in Feindesherzen tauchen
Frisch auf, mein Volk, die Flammenzeichen rauchen
Die Saat ist reif, ihr Schnitter, zaudert nicht.
Das höchste Heil, das letzte liegt im Schwerdte
Drückt euch den Speer ins treue Herz hinein.
Brecht eurem Volk die Straße, wascht die Erde
Die heilige, mit eurem Blute rein.

Theodor Körner's

Aufruf an die Sachsen.

Die Abfassung des folgenden Aufrufs, wie er hier in der
Taschenbuch = Niederschrift gegeben wird, geschah (nach Angabe
von Ferd. Hoffbauer's: Skizzen aus dem Leben ꝛc., herausgegeben
von Dr. J. A. Voigt, S. 151) zu Rabmeritz (siehe „Tagebuch,
S. 28" 1. April: Proclamation. — 4. April: Harangue, womit
der Aufruf gemeint sein kann) auf v. Petersdorff's Veranlassung.
Da Theodor Körner bald darauf, d. i. vom 6. bis 13. April zu
Dresden im elterlichen Hause verweilte, so ist mit Sicherheit
anzunehmen, daß alle die Verbesserungen, welche dieser Aufruf in
der ersten Veröffentlichung (in der Leipziger Zeitung, Nr. 72

[*)] Dieses in „L. u. Sch." mit „Aufruf" bezeichnete Gedicht ist
beim ersten Entwurf sehr flüchtig mit Bleistift niedergeschrieben.

vom 12. April 1813) an sich trägt, durch K.'s Vater veranlaßt
worden sind. Da es sich bei einer Gegenüberstellung von diesem
Erstdrucke gegen den hier vorliegenden Entwurf um mehr als nur
einzelne Varianten handelt, so wurde zu leichterer Vergleichung
jener Erstdruck hier auch gänzlich wieder abgedruckt. Mit diesem
Erstdrucke stimmt dann auch ein weiterer Abdruck überein, der
durch Dr. Ch. G. Körner 1814 in der Schrift: „Für Th. K.'s
Freunde" S. 78 bis 80 (Dresden bei Gärtner) bewirkt wurde.
In gleicher Fassung erschien dieser Aufruf neuerdings in der bis
jetzt vollständigsten Ausgabe der Werke Th. K.'s. von Prof.
Dr. Ad. Stern (Stuttgart, Union deutsche Verlagsgesellschaft),
2. Theil, S. 142. — In G. F. Richardson's „The Life of Carl
Theodor Körner, with selections from his Poems, Tales, and
Dramas. In two volumes. London, 1827. Thomas Hurst
& Co." (2. vermehrte Auflage: London, 1845. David Nutt)
ist „der Aufruf" mit der Bezeichnung: Address to the People of
Saxony auch aufgenommen worden.

— —

An das Volk der Sachsen.[71]

Brüder! Landsleute!

Durch dreyfache Bande des Blutes, der Sprache, der Unter= drückung an euch gekettet, kommen wir zu euch. Öffnet uns (eure)[72] Herzen, wie eure Thüren, die lange Nacht der Schmach hat uns vertraut gemacht, die Morgenröthe einer besseren Zeit soll uns verbunden finden. Landsleute sind wir, Brüder sind wir; im festen Vertrauen auf eure Rückkehr zu der guten, zu der heiligen Sache Gottes und des Vaterlands, rühmen sich viele unter uns, euch anzugehören, in eurem Kreise gebohren, in eurer Sitte auferzogen zu sein. Wie es nun Brüdern ziemt, wollen wir durch eure Thäler wandern; wem wäre die heimathliche Erbe, dies eine große Vaterhaus aller deutschen Herzen nicht heilig, wem liegt mehr an der Sicherheit, an dem Wohlstande eines Landes, für dessen Freiheit wir freudig Blut und Leben zu opfern geschworen haben. — Ja! für die Freiheit dieses Landes wollen wir fechten und sterben, wie Gott will, siegen oder sterben. — Soll die fremde Tyranney länger eurer heiligen Gesetze, der ehr= würdigen Überlieferungen eurer Väter spotten. Soll der fremde Gerichtshof sich auf eure Rathhäuser drängen und die angebohrene Sprache denn nicht mehr gelten, die ihr seit Jahrtausenden be= wahrt habt. Sollen eure Speicher und Keller noch länger die Despotenknechte füttern, eure Weiber und Bräute und Töchter noch länger ihrem zügellosen Frevel preisgegeben sein, eure Söhne für die Raserei eines schamlosen Ehrgeizes noch länger geschlachtet werden — Denkt an die Thaten eurer Väter, denkt an die Sachsenkriege gegen den großen Carl, denkt an die goldenen Zeiten eurer Altvordern unter der Ottonen seegensreichem Scepter;

---

[71] Der nur einmal mit Bleistift niedergeschriebene Entwurf zeigt sehr flüchtige, kaum lesbare Schrift.

[72] Dieses „eure" fehlt in der Handschrift.

(Leipziger Zeitung Nr. 72 Montags, d. 12. April 1813.)

An das Volk der Sachsen.

Von Ihren Freunden.

Brüder!

Durch dreyfache Bande, des Blutes, der Sprache, der Unterdrückung an Euch gekettet, kommen wir zu Euch. Oeffnet uns Eure Herzen, wie Ihr uns Eure Thüren geöffnet habt; die lange Nacht der Schmach hat uns vertraut gemacht, die Morgenröthe einer besseren Zeit soll uns verbunden finden.

Landsleute sind wir, Brüder sind wir, im festen Vertrauen auf Euer Beharren bey der guten, bey der heiligen Sache Gottes und des Vaterlandes rühmen sich viele unter uns, Euch anzugehören, in Eurem Kreise geboren, in Eurer Sitte auferzogen zu seyn.

Wie es nun Brüdern ziemt, wollen wir durch Eure Thäler wandern. Wem wäre denn die heimathliche Erde, dies e i n e große Vaterhaus aller deutschen Herzen heiliger, wem läge denn mehr an der Sicherheit, an dem Wohlstande eines Landes, für dessen Freyheit wir freudig Blut und Leben zu opfern geschworen haben!

Ja! für die Freyheit dieses Landes wollen wir fechten, und, wie Gott will, siegen oder sterben. Soll denn die fremde Tyranney noch länger Euern heiligen Gesetzen, den ehrwürdigen Ueberlieferungen Eurer Väter, spotten? Soll der fremde Gerichtshof sich auf Eure Rathhäuser drängen, und die angeborne Sprache nicht mehr gelten, die Ihr seit Jahrtausenden bewahrt habt? — Sollen Eure Speicher, Eure Keller noch länger die Henkersknechte füttern, Eure Weiber, Eure Bräute, Eure Töchter noch länger ihrem zügellosen Frevel preisgegeben seyn, Eure Söhne noch länger für die Raserey eines schrankenlosen Ehrgeizes geschlachtet werden? — Denkt an die Thaten Eurer Väter, denkt an die Sachsenkriege gegen den großen Carl, denkt an die goldnen Zeiten Eurer Altvordern unter der Ottonen glückseligen Scepter,

4*

(Aufruf nach Th. Körner's Taschenbuch-Niederschrift.)

denkt an die Helden eures Volks, an eure Heinriche, an euren Luther, an euren Moritz! Die Zeit ist geneigt, glänzende Nahmen aus eurer Mitte zu verkündigen, eure Väter haben ihre heilige Schuld bezahlt, laßt diese große Zeit nicht kleine Menschen finden. Wollt ihr den freien deutschen Hals schwach und kraftlos unter das Henkerbeil der fremden Unterdrücker legen? Seht nur auf euch, was ihr jetzt seid. Ein geopfertes Volk, dem ruchlosen Willen eines einzigen Barbaren verkauft. Euer Wohlstand ist vernichtet, euer Handel ist zerstört, eure Fabriken zu Grunde gerichtet, eure Kinder laßt ihr zu Tausenden würgen, laßt sie in den fürchterlichsten Qualen einer losgelaßnen Hölle verbrennen und erfrieren, verhungern und verdursten, verwinseln und ver= zweifeln! Von all' den Söhnen, die euch der Wüthrich vom Vater= herzen riß, kehren wenig Hunderte zurück, und diese bringen noch den Tod in das Herz eures Landes, den Keim der Seuche streuen sie in eure gesunden Hütten, und pflanzen die Qual und den Tod, die einzige Löhnung des blutigen Tyrannen in ihre heimathlichen Fluren. Und könnt ihr denn auch Schonung, könnt ihr Treue von denen verlangen, die ein fremdes, falsches Land gebohren, die nicht die Liebe, nicht das Recht, die nur Selbstsucht und viehische Begierde zu euch brachten. Ist ihnen denn je etwas heilig gewesen, haben sie nicht Kirchen und Klöster geschändet, Meineide geschworen und meuchlings gemordet? haben sie nicht aus feigem Übermuth jüngst den Stolz eurer Hauptstadt[73] zer= schmettert? — Und ihr solltet ruhig sein und die Qual unvergolten lassen und den Frevel ungebüßt und die Schande ungerächt? — Nein, nein, du gutes wackres Volk, nein, das sollst du, das kannst du nicht. Hast du den Moskowiten gesehen, der den Fackelbrand in seine Palläste wirft; siehst du den Preußen jetzt, deinen nächsten Bruder und Bundesgenossen, wie er sich rüstet, Landwehr und

---

[73] Ein Pfeiler und die zu diesem gehörigen 2 Bogen der da= maligen einzigen Elbbrücke zu Dresden waren am 19. März 1813 durch die Franzosen in die Luft gesprengt worden.

(Aufruf nach Leipziger Zeitung Nr. 72 Montags, b. 12. April 1813.)

denkt an die Helden Eures Volkes, an Eure Heinriche, Euern Moritz, Euern Luther! — Die Zeit ist gewohnt, glänzende Namen aus Eurer Mitte zu verkündigen, Eure Väter bezahlten die heilige Schuld; Laßt diese große Zeit nicht kleine Menschen finden!

Seht nun auf Euch, was Ihr jetzt seyd! — Ein geopfert Volk, dem ruchlosen Willen eines einzigen Wüthrichs verkauft. Euer Wohlstand ist vernichtet, Euer Handel ist zerstört, Eure Fabriken zu Grunde gerichtet, Eure Kinder laßt Ihr zu Tausenden würgen, laßt sie in den fürchterlichsten Qualen einer losgelaßnen Hölle verbrennen und erfrieren, verhungern und verdürsten, verwinseln und verzweifeln! — Von all den Söhnen, die Euch der Wütherich vom Vaterherzen riß, kehren wenig Hunderte zurück, und diese bringen noch den Tod in das Herz Eures Landes, den Keim der Seuche streuen sie in Eure gesunden Hütten, und pflanzen die Quaal und die Verzweiflung, die einzige Löhnung des blutigen Tyrannen in ihre heimathlichen Fluren.

Und könnt Ihr denn auch Schonung, könnt Ihr Treue von denen verlangen, die ein fremdes falsches Land gebahr, die nicht Liebe und Recht, die Raubsucht und viehische Begierde zu Euch brachten. Ist ihnen denn etwas heilig gewesen, haben sie nicht Kirchen und Altäre geschändet, Meineid geschworen, und meuchlings gemordet? haben sie nicht aus frechem Uebermuth erst jüngst den Stolz Eurer Hauptstadt zertrümmert?

Und ihr solltet ruhig bleiben und den Greuel unvergolten lassen, und den Frevel ungebüßt, und die Schande ungerächt? — Nein! nein! du gutes wackres Volk! Nein! das sollst du, das kannst du nicht! — Hast du den Moscowiten gesehen, wie er den Fackelbrand in seine Paläste schleuderte? Siehst du den Preußen jetzt, deinen Bruder und nächsten Bundesgenossen, wie er sich rüstet, Landwehr und Landsturm, alle waffenfähige Männer, eins in dem beschworenen Entschlusse, zu sterben,

(Aufruf nach Th. Körner's Taschenbuch-Niederschrift.)

Landsturm, alle waffenfähigen Männer, eins in dem beschworenen Entschlusse zu sterben, oder frei zu sein, — und du wolltest feige zaudern. Nein, du zauderst nicht, auch du wirst aufstehn, und deine Ketten schütteln und die welke Raute wird herrlich aufblühn, eine Blume der Freiheit. Sieh unsre muthige Schaar; wir haben's im Gotteshaus beschworen, zu kämpfen und sterben für unsre, für eure Freiheit; der Segen der Kirche ist mit uns, und die Wünsche aller treuen, redlichen Herzen. Sammle dich zu uns, wehrbare Jugend des unterjochten Sachsenlandes; sammlet euch zu uns, tüchtige Männer des tüchtigen Volkes; eure Brüder in Westphalen erwarten uns, Preußens Adler und Rußlands Bären kämpfen mit uns, und Gott hilft uns siegen. Es ist in unsrer Schaar kein Unterschied der Geburt, des Standes, des Landes, wir sind alle freye Männer, trotzen der Hölle und ihren Bundes-genossen und wollen sie ersäufen, wär's auch mit unserm Blut. Nicht Söldner (sind)[74] wir, der Frieden, das Glück führt uns auseinander, wie uns Rache und Kampf zusammenführen; der einsame Pflug erhält seinen Führer, die leeren Hörsäle ihre Schüler, die verwaisten Gerichtsstätten ihre Beamteten, die ver-laßnen Hallen seine[75] Arbeiter zurück. Wenn der Feind darnieder-liegt, die Feuerzeichen von den Bergen des Rheines rauchen, und das deutsche Banner im Hauche französischer Lüfte flattert, dann hängen wir gottdankend das Schwerdt an die Eichen des befreiten Vaterlandes auf und ziehen heim in Frieden. — Nun, so der Himmel will, es wird bald gethan sein; Gott ist ja mit uns, und die gerechte Sache, und eine feste Burg ist unser Gott. Amen.[76]

---

[74] Das in Parenthese gestellte „sind" fehlt in der Handschrift.

[75] Handschriftlich allerdings „seine" für „ihre".

[76] Ein zweiter ähnlicher, auch handschriftlich im Körner-Museum befindlicher Aufruf K.'s. entstand in Leipzig und führt die Ueberschrift: „An alle Gutgesinnte"; er wendet sich darin an den Wohl-thätigkeitssinn der Leipziger Einwohnerschaft — im Taschenbuche findet er sich jedoch nicht mit verzeichnet.

(Aufruf nach Leipziger Zeitung Nr. 72 Montags, d. 12. April 1813.)

ober frey zu seyn? — Und du wolltest zaubern? Nein, du zau=
berst nicht, auch du wirst aufstehn, und deine Ketten schütteln, und
die welke Raute wird herrlich aufblühn zum Kranze der Freyheit!
Sieh auf unsre muthige Schaar! — Wir haben es im Gotteshaus
beschworen, zu kämpfen, zu sterben für unsre, für eure Frey=
heit; der Segen der Kirche ist mit uns, und die Wünsche und
Gebete aller treuen redlichen Herzen.

Sammle Dich zu uns, wehrbare Jugend des
unterjochten Sachsenlandes! Sammlet Euch zu uns,
tüchtige Männer des tüchtigen Volks, wer nicht mit=
ziehen kann, helfe der allgemeinen Sache mit
Rüstung und Zuspruch; Eure Brüder in Westphalen
erwarten uns, Preußens und Rußlands Adler
kämpfen mit uns, und Gott hilft uns siegen. Es ist
in unsrer Schaar kein Unterschied der Geburt, des Standes, des
Landes. Wir sind alle freye Männer, trotzen der Hölle und ihren
Bundesgenossen, und wollen sie ersäufen, wär's auch mit unserm
Blut.

Nicht Söldner sind wir, der Frieden, das Glück führt uns
auseinander, wie uns Rache und Kampf zusammengeführt. Wenn
der Feind darniederliegt, wenn die Feuerzeichen von den Bergen
des Rheins herüberrauchen, und das deutsche Banner im Hauche
französischer Lüfte flattert, dann hängen wir das Schwert in den
Eichenwäldern des befreyten Vaterlandes auf, und ziehen heim
in Frieden.

Nun! so der Himmel will, es wird bald gethan
seyn! Gott ist ja mit uns und die gerechte Sache,
und eine feste Burg ist unser Gott! Amen!

Im April 1813.

Leipzig, am 24ten April.

Zueignung.[*)]

Euch allen, die ihr noch mit Freundes Treue
An den verwegnen Zitterspieler denkt,
Und deren Bild, so oft ich es erneue
Mir stillen Frieden in die Seele senkt,
Euch gilt dies Lied. — O, daß es euch erfreue!
Zwar hat euch oft mein wildes Herz gekränkt,
Hat stürmisch manche Stunde euch verbittert,
Doch Eure Treu und Liebe nicht erschüttert.

So bleibt mir hold! — Des Vaterlandes Fahnen
Hoch flattern sie am deutschen Freiheitsport
Es ruft die heil'ge Sprache unsrer Ahnen:
„Ihr Sänger, vor! und schützt das deutsche Wort."
Das kühne Herz läßt sich nicht länger mahnen,
Der Sturm der Schlachten trägt es brausend fort.
Die Leyer schweigt, die blanken Schwerdter klingen.
Heraus, mein Schwerdt! magst auch dein Liedchen singen.

Laut tobt der Kampf. — Lebt wohl, ihr treuen Seelen,
Euch bringt dies Blatt des Freundes Gruß zurück.
Es mag euch oft, recht oft von ihm erzählen.
Es trage sanft sein Bild vor euren Blick.
Und sollt ich einst im Sieges Heimzug fehlen,
Weint nicht um mich, beneidet mir mein Glück.
Denn was berauscht die Leyer vorgesungen,
Das hat des Schwerdtes freie That errungen.

--

*) Die Bleistift-Niederschrift dieser Dichtung im Taschenbuche ist schon die Reinschrift eines am 24. April, Vormittag um 10 Uhr entstandenen Entwurfes, den das Körner-Museum besitzt. Dieser ursprüngliche Entwurf war so unleserlich von K. geschrieben, daß sich Wilh. Kunze den Text nochmals vom Verfasser für die Herausgabe der „Zwölf freien deutschen Gedichte" dictiren ließ.

Lützow's wilde Jagd.[78])

Nach Kruft's Weise:[79]) Wohl auf, Cameraden ꝛc.

Die Wolken (Nebel) verziehen
Hurrah, ihr Jäger, der Morgen bricht an.
Durch Wald und Moor bricht die wilde Jagd.
Was zieht sich dort schwarz aus dem Walde hervor
Was glänzt dort vom Walde im Sonnenschein
Hör's näher und näher brausen
Es rauscht und braust wie das tosende Meer
In flimmernder Sonne glänzt das Gewehr
Es zieht sich herunter in düsteren Reihn   •
Und gellende Hörner schallen darein
Und erfüllen die Seele mit Grausen
Und wenn ihr die schwarzen Gesellen fragt
Hört ihr! S'ist des Lützow's wilde Jagd
S'ist des Lützow's Volk, s'ist die wilde Jagd.

Obigem Entwurf folgt eine (anscheinend vom Grafen K. v. Geßler) mit Tinte geschriebene Notiz:

Frau Baronin von Beust in Thosfell bey Plauen.

[78]) Obwohl dieses Lied nur der Entwurf ist und von Theodor Körner's Hand vollständig durchgestrichen wurde, so soll es doch als werthvoller erster Entwurf ausnahmsweise hier in vollem Umfange wiedergegeben sein. Die Niederschrift geschah mit Bleistift, die Durchstreichung mit Tinte. — W. Kunze theilt mit, daß „Lützow's wilde Jagd" am 24. April 1813, Nachmittags auf dem Schneckenberge in Leipzig (wo jetzt das neue Theater errichtet ist) entstand.

[79]) „Nach Kruft's Weise" dürfte auf eine Melodie führen, die der Wiener Musiker Kruft (erwähnt im Briefe 132 vom 8. Februar 1813 in A. Wolff's Sammlung) zu Schiller's Reiterlied aus „Wallenstein's Lager" componirt hatte. —

Morgenlied.[80])

Hör uns, Allmächtiger[81])
Hör uns, Allgütiger
Himmlischer Führer der Schlachten.
Vater, dich preisen wir!
Vater, wir danken dir,
Daß wir zur Freiheit erwachten.

Wie auch die Hölle braußt
Gott! deine starke Faust
Bricht das Gebäude der Lüge.
Führ uns, Herr Zebaoth,
Führ uns, dreieiniger Gott,
Führ uns zur Schlacht und zum Siege.

Führ uns! fall unser Loos
Auch tief in Grabes Schoos,

[80]) Dieses Lied, in „L. u. Sch." mit: „Gebet. Nach der
Weise: O sanctissima ꝛc. 1813", überschrieben, ist mit Tinten-
Niederschrift gegeben, welche über dem mit Bleistift geschriebenen
Entwurf wegläuft. Unter den Tintenworten des ersten Verses läßt
sich die Musterstrophe zum Morgenlied in Bleistiftworten erkennen;
sie lautet:

O sanctissima,
O piissima
dulcis virgo Maria
mater amata
Intemerata
Ora pro nobis.

[81]) Von C. M. v. Weber ward dieses Lied am 21. October 1814
zu Prag componirt. — Auffällig ist, daß es v. Freymann als:
„Morgenlied der Freien" benennt. S. S 21. Ein Facsimile dieses
Liedes erschien in der „Illustrirten Zeitung" Nr. 2515, Körner-
festnummer von 1891. Es besteht noch eine zweite Niederschrift
von Th. K.'s Hand. Diese hat zweiten Vers, Zeile 3 für „Bricht"
den Ausdruck: Stürzt.

Lob doch und Preis deinem Nahmen.
Reich, Kraft und Herrlichkeit
Sind Dein in Ewigkeit!
Führ uns, Allmächtiger! — Amen!

Letzter Trost. Rundgesang
für die Capelle.[82])

Die Hölle braußt auf in neuer Gluth
Umsonst ist geflossen viel edles Blut
Es triumphiren die Bösen.
Doch nicht an der Rache des Himmels verzagt,
Es hat nicht vergebens blutig getagt
Roth muß ja der Morgen sich lösen.

[83]) Was zieht ihr die Stirne finster und kraus
Was starrt ihr wild in die Nacht hinaus
Ihr freien, männlichen Seelen?
Jetzt heult der Sturm, jetzt braußt das Meer
Jetzt zittert das Erdreich um uns her
[84]) Ihr könnt euch die Noth nicht verhehlen.

Und galt es früherhin Muth und Kraft
Jetzt alle Kräfte zusammengerafft
Sonst scheitert das Schiff vor dem [85]) Hafen
Erhebe dich, Jugend, der Tiger dräut,
Erhebe dich, [86]) Landsturm, nun kommt die Zeit
Erwache, du Volk, das geschlafen.

[82]) „L. u. Sch." hat den Titel: „Letzter Trost. Beim Zurückzug der vereinigten Heere über die Elbe. Nach der Weise unsers Bundeslieds: Es heult der Sturm, es braußt das Meer."
[83]) Diese zweite Strophe des Rundgesangs bildet in „L. u. Sch." die erste, während die erste dafür an zweiter Stelle erscheint.
[84]) „L. u. Sch." hat: Wir woll'n uns die Noth u. s. w.
[85]) „L. u. Sch." hat: noch im Hafen u. s. w.
[86]) „L. u. Sch." hat: Bewaffne dich u. s. w.

Und die wir hier rüstig zusammenstehn
Und frei *) dem Tod in die Augen sehn
Wolln nicht vom Rechte lassen.
**) Die Freiheit lieben, das Vaterland
Erretten mit der gewaffneten Hand
Und sterbend die Knechtschaft hassen.

Das Leben gilt nichts, wo die Freiheit fällt.
Was giebt mir die weite unendliche Welt
Für des Vaterlands heiligen Boden?
Frei will ich mein Vaterland wiedersehn
Oder frei zu den glücklichen Vätern gehn
Ja glücklich und frei sind die Todten.

Drum heule du Sturm, drum brause du Meer
Drum zittre, du Erdreich, um uns her
Du wirst mir die Seele nicht zügeln
Die Erde kann neben uns untergehn
Wir wollen als freie Männer bestehn
Und den Bund mit dem Blute besiegeln.

Anmerkung. Daß dieses Lied nach der bekannten Melodie
des „Trinkliedes deutscher Männer am Strande des Meeres",
componirt von Wilh. Schneider, alsbald zum Singen gelangt ist,
dafür dürfte der Umstand sprechen, daß sich die vorgenannte Melodie
in einem Notenanhange zu dem Exemplar von „Leyer und
Schwert" befindet, das dem Lützower H. Riemann gehörte und jetzt
im Körner-Museum befindlich ist.

*) „L. u. Sch." hat: Und keck dem Tod u. s. w.
**) „L. u. Sch." hat:
   Die Freiheit retten, das Vaterland
   Oder freudig sterben das Schwerdt in der Hand,
   Und Knechtschaft und Wüthriche hassen.

Lützow's wilde Jagd.[89]

Leipzig am . . . . . April.

Was glänzt dort vom Walde im Sonnenschein?
Hör's näher und näher brausen.
Es zieht sich herunter in düsteren Reihn,
Und gellende Hörner schallen darein,
Und erfüllen die Seele mit Grausen,
Und wenn ihr die schwarzen Gesellen fragt,
[90]) S'ist Lützow's wilde verwegene Jagd.

---

[89]) Dieses Liedes erster Abdruck erschien in den „Zwölf freien deutschen Liedern" an letzter Stelle. — Theodor Körner hatte es seinem Freunde Wilh. Kunze, bei dem er seit dem 18. April im Quartier lag, Sonnabend, den 24. April in die Feder dictirt. Diese Dictat-Niederschrift zeigt ersichtlich Kunze's Hand und befindet sich als Blatt 7 unter den Entwürfen zu den „Zwölf freien deutschen Gedichten" im Körner-Museum; sie zeigt bereits Varianten gegen den hier gegebenen Abdruck nach der Taschenbuch-Niederschrift. — W. Kunze berichtet, daß Th. K. dieses Lied auf dem Schneckenberg zu Leipzig gedichtet habe, als er noch Oberjäger war. Tags darauf wurde er bekanntlich auf dem Markte zu Leipzig zum Lieutenant ernannt. — Friedr. Förster giebt in seiner Biographie Th. K.'s (Körner's Werke, Bd. 1, S. 12, Berlin, Hempel) an, daß, als der Dichter im August 1813 wieder im v. Lützow'schen Corps eintraf, er mit seinem unterdessen componirten Liede „Lützow's wilde Jagd" empfangen worden sei. Wenn man dabei das Lied nicht nach der von K. bezeichneten Kruft'schen Melodie sang, so dürfte man in der neuen Composition des Liedes die von Otto Preuß vermuthen, die sich im Notenanhange zu der aus dem Besitze Riemann's (von der 5. Comp. d. III. Bataill. d. Infanterie nach Köhler's Compagnie-Liste) stammenden ersten „Leyer und Schwert"-Ausgabe befindet, die sich auch wesentlich von der später durch Carl Maria v. Weber geschaffenen Melodie unterscheidet. Die C. M. v. Weber'sche Composition entstand zu Gräfentonna (in S.-Gotha) am 13. September 1814, am gleichen Tage wie das „Schwertlied" (s. dasselbe).

[90]) Dieser Schlußreim hat in „L. u. Sch." bei den ersten vier Versen die Fassung: Das ist Lützow's u. s. w. und in den beiden letzten Versen: Das war Lützow's u. s. w.

Was zieht dort rasch durch den finstern Wald,
Und streift von Berge zu Bergen.
Es legt sich in nächtlichen Hinterhalt,
Das Hurrah jauchzt und die Büchse knallt,
Es fallen die fränkischen Schergen.
Und wenn ihr die schwarzen Jäger fragt
⁹⁰) S'ist ꝛc.

Wo die Reben dort glühen, dort braußt der Rhein,
Der Wüthrich geborgen sich meinte.
Da naht es schnell mit Gewitterschein,
Und wirft sich mit rüstigen Armen hinein,
Und springt an's Ufer der Feinde.
Und wenn ihr die schwarzen Schwimmer fragt.
⁹⁰) S'ist Lützow's ꝛc.

Was braußt dort im Thale die laute Schlacht,
Was schlagen die Schwerdter zusammen.
⁹¹) Die schwarzen Kämpen schlagen die Schlacht,
Und der Funke der Freiheit ist glühend erwacht,
Und lobert in blutigen Flammen.
Und wenn ihr die schwarzen Kämpen fragt,
⁹⁰) S'ist Lützows ꝛc.

Wer scheidet dort röchelnd vom Sonnenlicht
Unter tausend ⁹²) Feinde gebettet.
Es zuckt der Tod auf dem Angesicht
Doch die wackern Herzen erzittern nicht,
Das Vaterland ist ja gerettet.
Und wenn ihr die schwarzen Gefallnen fragt,
Es (ist) war Lützows ꝛc.

---

⁹¹) Für diese Zeile hat „L. u. Sch.“: „Wildherzige Reiter
schlagen die Schlacht“ und dementsprechend in der sechsten Zeile auch
„Reiter“ für „Kämpen“.
⁹²) „L. u. Sch.“ hat: Unter winselnde Feinde u. s. w.

Die wilde Jagd und die deutsche Jagd
Auf Henkers Blut und Tirannen.
Drum die ihr uns liebt, nicht geweint und geklagt,
Das Land ist ja frei und der Morgen tagt,
Wenn wir's auch nur sterbend gewannen.
Und von Enkeln zu Enkeln sei's nachgesagt,
Das war Lützows wilde verwegene Jagd.

Bundeslied [v3)]
vor der Schlacht.

Perleberg, am 14ten May, 1813.

Ahnungsgrauend, todesmuthig
Bricht der große Morgen an,
Und die Sonne, kalt und blutig,
Leuchtet unsrer blutgen Bahn.
In der nächsten Stunden Schooße
Liegt das Schicksal einer Welt,
Und es zittern schon die Loose,
Und der ehrne Würfel fällt.
Brüder, euch mahne die dämmernde Stunde,
Mahne euch ernst zu dem heiligsten Bunde,
Treu, so zum Tod, wie zum Leben gesellt!

_____

[v3)] Dieser Titel lautet in „L. u. Sch.": „Bundeslied vor der Schlacht. Am Morgen des Gefechts bei Danneberg. Am 12ten Mai 1813." — Theodor Körner in seinem oben gegebenen Tagebuch seines Feldzuges giebt mit dem bekannten studentischen Zeichen für Gefecht die Orte „Hitzacker und Göhrde" an. Die hier befindliche Angabe „am 14. Mai" mußte somit eine Selbsttäuschung sein — oder K. könnte auch das Lied zuerst auf einem losen Blatte verfaßt und eine Abschrift zwei Tage später in das Taschenbuch niedergeschrieben haben.

Hinter uns, im Graun der Nächte
Liegt die Schande, liegt die Schmach,
Liegt der Frevel fremder Knechte,
Der die deutsche Eiche brach.
Unsre Sprache ward geschändet
Unsre Tempel stürzten ein,
Unsre Ehre ist verpfändet!
Deutsche Brüder, löst sie ein!
Brüder! die Rache flammt! reicht euch die Hände,
Daß sich der Fluch der Himmlischen wende.
Löst das verlohrne Palladium ein.

Vor uns liegt ein glücklich Hoffen,
Liegt der Zukunft goldne Zeit,
Steht ein ganzer Himmel offen,
Blüht der Freiheit Seeligkeit.
Deutsche Kunst und deutsche Lieder,
Frauenhuld und Liebesglück,
Alles Große kommt uns wieder,
Alles Schöne kehrt zurück.
Aber noch gilt es ein gräßliches Wagen,
Leben und Blut in die Schanze zu schlagen,
Nur in dem Opfertod reift uns das Glück.

Nun, mit Gott! wir wollens wagen,
Fest vereint dem Schicksal stehn,
Unser Herz zum Altar tragen,
**) Kühn dem Tod entgegengehn.
Vaterland, dir wolln wir sterben,
Wie dein großes Wort gebeut,
Unsre Lieben mögen erben,
Was wir mit dem Blut befreit.
Wachse, du Freiheit der deutschen Eichen,
Wachse empor über unsre Leichen.
Vaterland! höre den heiligen Eid.

**) „L. u. Sch." hat: Und dem Tod u. s. w.

Und nun wendet eure Blicke
Noch einmal der Liebe nach
Scheidet von dem Blüthen Glücke
Das der giftge Süden brach.
Wird euch auch das Auge trüber,
Keine Thräne bringt euch Spott.
Werft den letzten Kuß hinüber,
Dann befehlt sie eurem Gott.
Alle die Lippen, die für uns beten,
Alle die Herzen, die wir zertreten,
Tröste und schütze sie, ewiger Gott.

Und nun frisch zur Schlacht gewendet.
Aug' und Herz zum Licht hinauf.
Alles Irb'sche ist vollendet,
Und das Himmlische geht auf.
Faßt euch an, ihr deutschen Brüder.
Jede Nerve sei ein Held.
Treue Herzen sehn sich wieder!
Lebewohl für diese Welt.
Hört ihr's? Schon jauchzt es uns donnernd entgegen.
Brüder hinein in den blitzenden Regen.
Wiedersehn in der besseren Welt.

Anmerkung des Herausgebers.

Diese Dichtung wurde componirt von A. Beczwarzowski, C. Bornhardt, Fr. Zeller und Reinh. Becker — s. a. Theodor Körner und seine Beziehungen zur Musik. Musikhistorische Studie von Rob. Müslol. Ratibor, 1893. Eugen Simnich.

Gebet während der Schlacht.

Vater, ich rufe Dich!
Brüllend umwölkt mich der Dampf der Geschütze,
Sprühend umzucken mich rasselnde Blitze,
Lenker der Schlachten, ich rufe Dich.
Vater Du, führe mich.

Vater Du, führe mich!
Führ mich zum Siege, führ mich zum Tode
Herr, ich erkenne Deine Gebote,
Herr, wie Du willst, so führe mich.
Gott, ich erkenne Dich.

Gott, ich erkenne Dich
So im herbstlichen Rauschen der Blätter,
Wie im Schlachtendonnerwetter
Urquell der Gnade, erkenn ich Dich
Vater Du, seegne mich.

Vater Du, seegne mich.
In Deine Hand befehl' ich mein Leben,
Du kannst es nehmen, Du hast es gegeben.
Zum Leben, zum Sterben seegne mich.
(Mein Gott) Vater, ich preise Dich.

Vater, ich preise Dich!
S'ist ja kein Kampf für die Güter der Erde
Das Heiligste schützen wir mit dem Schwerdte
Drum fallend und siegend preis ich Dich.
Gott, Dir ergeb ich mich.

Gott, Dir ergeb ich mich.
Wenn mich die Donner des Todes begrüßen
Wenn meine Adern geöffnet fließen,
Dir, mein Gott, Dir ergeb ich mich.
Vater (und) drum ruf ich Dich.

Anmerkung. Dieses Gebet ward von C. M. v. Weber am
19. November 1814 zu Prag componirt.

Wißmuth.[95])

Vaterland, Du riefst den Sänger
Schwelgend in der Tage Glück
Blutig hassend deine Dränger
Hielt nicht Lied und Liebe länger
Seiner Seele Sturm zurück
Und er brach mit wundem Herzen
Aus der Freunde Reihn
Tauchte in der Trennung Schmerzen
Und war dein.

Thränend hat er oft die Blicke
Zur Vergangenheit gesandt
Auf des Lieds melodscher Brücke
Stieg der Geist zu altem Glücke
In der Sehnsucht[96]) goldnes Land.
Ach er schwärmte nur vergebens
Denn der Stunden rohe Hast
Trieb ihn in den Lärm des Lebens
Sturm gefaßt.

Doch was soll er im Gedränge
Ohne Schlachten Morgenroth?
Gieb die friedlichen Gesänge
Oder gieb des Krieges Strenge

---

[95]) In „L. u. Sch." lautet dieser Titel: „Mißmuth. Als ich bei
Sandow lange Zeit die Ufer der Elbe bewachen mußte. 1818." —
Auch J. v. Eichendorff gedenkt dieses Aufenthalts an der Elbe in
seinem Gedicht: „An die Lützowschen Jäger", erster Vers:

> Wunderliche Spießgesellen,
> Denkt ihr noch an mich,
> Wie wir an der Elbe Wellen
> Lagen brüderlich? — U. s. w.

[96]) „L. u. Sch." hat: Liebe.

5*

Gieb mir Lieder oder Tod.
Laß mir der Begeistrung Thränen
Laß mir meine Liebes Nacht
Oder wirf mein feurig [97]) Sehnen
In die Schlacht.

Um mich donnern die Canonen
Ferne Cimbeln schmettern drein
Teutschland wirft um seine Kronen
Und hier soll ich ruhig wohnen
Und des Stromes Wächter sein?
Soll ich in der Prosa sterben? —
Poesie, du Flammenquell.
(Lodre auf) Brich nur los mit leuchtendem Verderben
Aber schnell! —

An L,[98]) als Dank für das Feldzeichen.[99])

Der Ritter liebte stets die deutschen Weisen:
Zog er hinaus zum Streit fürs Vaterland,
Die Sclavenketten muthig zu zerreißen
Durft' frohen Muthes zücken er sein Eisen
War er geschickt von schöner Frauen Hand.
Die Sitte soll die alte Kraft beweisen

---

[97]) „L. u. Sch.“ hat: freudig Sehnen.

[98]) Mit diesem L. könnte Luise v. Blümner, geb. v. Funk gemeint sein: Theodor Körner ließ ihr schon von Freiberg aus durch seine Eltern Grüße sagen. Das Gedichtchen im Entwurf dürfte Ende Mai oder in den zwei ersten Juniwochen entstanden sein, da das zunächst folgende „Reiterlied“ vom 13. Juni stammt. Eine ganze Reihe noch unveröffentlichter (im Körner-Museum befindlicher) Jugendgedichte „An Louisen“ dürften wohl derselben Persönlichkeit gegolten haben.

[99]) Bisher ungedrucktes Gedicht.

Noch ist der Sieg der Schönheit zugewandt:
Sie nur allein kann rohen Muth verklären,
Auch mich hat sie geschmückt — ich trug ihr Band —
Als ihren Ritter will ich mich bewähren.

Plauen, am 13ten Juni.

Reiterlied. [100])

Frisch auf, frisch auf, mit raschem Flug,
Frei vor uns liegt die Welt,
Wie auch des Feindes List und Trug
Uns rings umgattert hält.
Steig, edles Roß, und bäume dich,
Dort winkt der Eichenkranz!
Streich aus, streich aus und trage mich
Zum lustgen Schwerdtertanz.

Hoch in den Lüften, unbesiegt
Geht frischer Reiters Muth;
Was unter ihm im Staube kriecht [101])
Engt nicht den freien Muth.
Weit hinter ihm liegt Sorg und Noth,
Und Weib und Kind und Heerd,
Vor ihm nur Freiheit oder Tod,
Und neben ihm das Schwerdt.

So gehts zum lust'gen Hochzeitsfest,
Der Brautkranz ist der Preis
Und wer das Liebchen warten läßt,
Den bannt der freie Kreis.

---

[100]) „Reiterlied" ist im Taschenbuch durch alle Verse eine Bleistift-Niederschrift. Oben darüber findet sich ebenso geschrieben Ort
und Datum, während „L. u. Sch." den Titel bringt: „Reiterlied.
Nach der Weise: Es giebt nichts lust'gers auf der Welt. 1813."
[101]) Hier hat „L. u. Sch.": Was unter ihm im Staube liegt
Engt nicht das freie Blut.

Die Ehre ist der Hochzeitsgast,
Das Vaterland die Braut,
Wer sie recht brünstiglich umfaßt,
Den hat der Tod getraut.

Gar süß muß solch ein Schlummer sein,
In solcher Liebes Nacht.
[102]In kühler Erde schläfst du ein
Von deiner Braut bewacht.
Und wenn der Eiche grünes Holz
Die neuen Blätter schwellt,
So weckt sie dich mit freudgem Stolz
Zur ewgen Freiheits Welt.

Drum wie sie fällt und wie sie steigt,
Des Schicksals rasche Bahn,
Wohin das Glück der Schlachten neigt,
Wir schauens ruhig an.
Für deutsche Freiheit wolln wir stehn,
Sei's nun in Grabes Schooß
Sei's oben auf des Sieges Höhn,
Wir preisen unser Loos.

Und wenn uns Gott den Sieg gewährt,
Was hilft euch euer Spott,
Ja, Gottes Arm führt unser Schwerdt,
Und unser Schild ist Gott.
Schon stürmt es mächtig rings umher
Drum, edles Roß,[103] frisch auf!
Und wenn die Welt voll Teufel wär,
[104]Dein Weg geht mitten drauf.[105]

Anmerkung. Dieses Reiterlied ward von C. M. v. Weber
am 20. October 1814 zu Prag componirt.

---

[102] „L. u. Sch." hat dafür:
 In Liebchens Armen schläfst du ein
 Getreu von ihr bewacht.

am 15ᵗᵉⁿ Juni, 1813.

Männer Trost.¹⁰⁶)

Herz, laß dich nicht zerspalten,
Durch Feindes List und Spott,
Gott wird es wohl verwalten,
Er ist der Freiheit Gott.

Laß nur den Wütkrich drohen,
Dort reicht er nicht hinauf,
Einst bricht in heil'gen Lohen
Doch deine Freiheit auf.

---

¹⁰³) „L. u. Sch." hat: edler Hengst.

¹⁰⁴) Von diesem Reiterlied besitzt das Körner-Museum noch eine zweite Niederschrift mit Tinte auf einem Folio-Bogen und der vollen Namensunterschrift: Theodor Körner. Dieser letzte Umstand dürfte darauf führen, daß die Tinten-Niederschrift wohl von K. für den Druck und für augenblickliche Veröffentlichung (Einzeldruck) bestimmt war. Daß der Grundgedanke dieses munteren, werthvollen Liedes vielfach dem Grundgedanken des Schwertliedes parallel läuft, wird leicht wahrgenommen werden; im Verhältniß zu der Bleistift-Niederschrift in der Brieftasche und dem Erstdrucke in „L. u. Sch." zeigt jene Tinten-Niederschrift doch noch folgende Abweichungen:
1. Strophe, 4. V.: „uns giftig nachgestellt".
1.   „   5.   „   „edler Hengst".
2.   „   4.   „   „das freie Blut".
4.   „   1.   „   hat „mag" für „muß".
4.   „   3. u. 4. V.: „schlaf ich ein, Von meiner Braut u. s. w."
4.   „   7. = 8.   „   „So weckt sie mich mit heilgem Stolz
                        Zur ewig freien Welt."

¹⁰⁵) Zwischen den zwei Seiten, welche die ersten vier Verse des Reiterliedes enthalten, liegt ein grünseidenes, schmales Band.

¹⁰⁶) „L. u. Sch." hat das Datum nicht und den Titel in folgender Form: „Trost. Nach Abschluß des Waffenstillstandes. 1813." In den „12 freien deutschen Gedichten" findet sich der Titel: „Mannes Trost, nach der Schlacht bei Lützen am 2. Mai 1813."

Glimmend durch lange Schmerzen
Hat sie der Tod verklärt,
Aus Millionen Herzen
Mit edlem Blut genährt;

Wird seinen Thron zermalmen,
Schmelzt deine Fesseln los,
Und pflanzt die glühn'ben Palmen
Auf deutscher Helden Moos.

Drum laß dich nicht zerspalten
Durch Feindes List und Spott.
Gott wird es wohl verwalten,
Er ist der Freiheit Gott.

Anmerkung. Dieses Lied ward von C. M. v. Weber in der Zeit nach dem 20. November, aber noch vor Schluß des Jahres 1814 in Prag componirt.

Der Doppeladler,

als ich im Waffenstillstand nach Österreich zurückkehrte.[107]

Sei mir gesegnet, heilig Doppelzeichen,
Das ich troß diesem Wirbelsturm der Jahre
In heiterm Stolz nur [108] leuchtender gewahre.
Ja hier beginnst du, freies Land der Eichen.
Ein Ruf, dem nur der Seel'gen Stimmen gleichen,
Zog mich zu deinem nachbarlichen Aare.
Es floß mein Blut am Vaterlands Altare;
Ich sank getroffen von Verräther Streichen.

[107] „L. u. Sch." hat diesen Titel in der Fassung: Oestreichs Doppeladler. Als ich verwundet nach Oestreich zurückkehrte. 1813.
[108] Für „nur" hat „L. u. Sch." „und". — Das ganze Gedicht ist im Taschenbuch eine Bleistift-Niederschrift.

Da find' ich dich schön wie im Land der Dichtung,
Zween Blitze glüht der Augen Doppelrichtung,
Der Freiheit Sieg, der Tirannen Vernichtung.
Frisch auf, Habsburg, der Teufel muß erliegen
Gott ist mit dir, wo deine Banner fliegen.
Hoch, Östreich, hoch! dein Schwerdt, dein Carl wird siegen!

Abschied von Wien.[109])

Leb wohl, leb wohl, mit dumpfen Herzensschlägen
Begrüß ich dich, und folge meiner Pflicht.
Im Auge will sich eine Thräne regen.
Was sträub ich mich. Die Thräne schimpft [110]) mich nicht
Ach wo ich wandle, seis auf Friedens Wegen,
Seis wo der Tod die blutgen Kränze bricht,
Da werden deine theuren Huldgestalten
In Lieb und Sehnsucht meine Seele spalten.

Verkennt mich nicht, ihr Genien meines Lebens
Verkennt nicht meiner Seele ernsten Drang.
Begreift die treue Richtung meines Strebens
So in dem Liede, wie im Schwerdterklang.
Es schwärmten meine Träume nicht vergebens,
Was ich so oft begrüßte [111]) im Gesang,
Für Volk und Freiheit ein begeistert Sterben,
Laßt mich nun selbst um diese Krone werben.

----

[109]) „L. u. Sch." hat noch die Jahreszahl: 1813. — Der erste
Vers, wie er hier gegeben ist und den „L u. Sch." auch an erster
Stelle der Dichtung bringt, findet sich in dem Taschenbuche an
zweiter Stelle von den drei Versen der Dichtung und ist von Theodor
Körner durch übergestellte Zahl als erster Vers gekennzeichnet.

[110]) „L. u. Sch.": die Thräne schmäht u. s. w.

[111]) „L. u. Sch.": Was ich so oft gefeiert mit Gesang.

Wohl leichter mögen sich die Kränze flechten
Errungen mit des Liedes flüchtgem [112]) Muth).
Ein rechtes Herz schlägt freudig nach dem Rechten.
Die ich gepflegt mit jugendlicher Gluth
Laßt mich der Kunst ein Vaterland erfechten
Und gält' es auch das eigne [113]) wärmste Blut.
Noch diesen Kuß, und wenns der letzte bliebe
Es giebt ja keinen Tod für unsre Liebe.

Mit nachfolgendem „Gebet" beginnen in der Feldzugs=Brief=
tasche die Niederschriften einer dritten Lage von Briefbogen, von
deren 32 Seiten 28 vollgeschrieben und nur die letzten 4 ganz
leer geblieben sind. Dieses Gebet ward bisher noch nicht ver=
öffentlicht.

Gebet.

Deine Sonne, Herr des Himmels,
Schmilzt den Schnee von Deinen Bergen
Bricht mit rosiger [114]) Verklärung
Durch der Nebel düstern Schleier,
Trägt den milden Hauch des Tages
Siegend aus dem Kampf der Nacht.

Deine Sonne, güt'ger Vater,
Lockt die Knospe aus dem Kelche,
(Färbt) Taucht die jungfräulichen Blätter
In das zarte Roth der (Liebe) Sehnsucht
Küßt des Thaues Thränenperle
Lächelnd aus dem Blüthenkelch.

---

[112]) „L. u. Sch.": des Liedes heit'rem Muth.
[113]) Ursprünglich von Körner geschrieben: „des Herzens eignes
Blut".
[114]) Für „rosiger" stand erst „siegender".

O so führe Deine Liebe
Aus der Nebel düstrem Schatten
Mir herauf den goldnen Morgen,
Locke meines Herzens Reime,
Küsse mir vom matten Auge
Meiner Sehnsucht Thräne ab.

Oder pflanze mir die Rosen
Schattend über meinem Hügel,
Daß der Blüthenborn der Liebe,
Der den Lebenden verwundet
Fest verzweigt mit der Cypresse
Doch den Todten kühlen muß.

An mein Volk.[115]

Frisch auf, mein Volk! die Flammenzeichen rauchen,
Hell aus dem Norden bricht der Freiheit Licht,
Du sollst den Stahl in Feindesherzen tauchen,
Frisch auf, mein Volk, die Flammenzeichen rauchen,
Die Saat ist reif, ihr Schnitter, zaudert nicht!
Das höchste Heil, das letzte liegt im Schwerdte;
Drück dir den Speer ins treue Herz hinein.
Der Freiheit eine Gasse! wasch die Erde
(Die heilige) Das deutsche Land[116] mit deinem Blute rein.

Es ist kein Krieg, von dem die Kronen wissen
Es ist ein Kreuzzug, s'ist ein heilger Krieg
Recht, Sitte, Tugend, Glauben und Gewissen

---

[115] Die erste Strophe dieser, gleichfalls mit Bleistift und einigen Tintencorrecturen niedergeschriebenen Dichtung findet sich schon auf (Seite 49) mit Datumangabe und dem Titel: „An das deutsche Volk" und einer Variante in den beiden Schlußzeilen. In „L. u. Sch." lautet der Titel: Aufruf 1813.
[116] „L. u. Sch." hat hier: Dein deutsches Land u. s. w.

Hat der Tyrann aus deutscher Brust gerissen
Errette sie mit deiner Freiheit Sieg.

Der Jammer [117]) deiner Greise ruft: erwache
Der Hütte Schutt verflucht die fremde Brut [118])
Die Schande deiner Töchter schreit um Rache
Der Meuchelmord der Söhne schreit nach Blut.

Zerbrich die Pflugschar, laß den Meisel fallen,
Die Leyer still, den Webstuhl ruhig stehn
Verlasse deine Höfe, deine Hallen
Vor dessen Antlitz (deutsche) deine Fahnen wallen
Er will sein Volk in Waffenrüstung sehn
(Der Freiheit) Denn einen großen Altar sollst du bauen
In seiner Freiheit ewgem Morgenroth
Mit deinem Schwerdt sollst du die Steine hauen
[119]) Des Tempels Grund sei seiner Helden Tod.

Was weint ihr Mädchen, warum klagt ihr Weiber
Für die der Herr die Schwerdter nicht gestählt
Wenn wir entzückt die jugendlichen Leiber
Hinwerfen in die Speere [120]) eurer Räuber.
Daß euch des Kampfes kühne Wollust fehlt.
[121]) Könnt ihr doch froh zu Gottes Altar treten
Für Wunden gab er ja die zarte Sorgsamkeit
(Gab euch in euren herzlichen Gebeten
Den schönen reinen Sieg der Frömmigkeit.

[117]) Die Handschrift hat hier über dem Worte „Jammer" auch
noch „Winseln".
[118]) Für „fremde Brut" hat „L. u. Sch.": „Räuberbrut".
[119]) Für diese Schlußzeile giebt „L. u. Sch.": Der Tempel
gründe sich auf Heldentod.
[120]) Für „Speere" hat „L. u. Sch.": „Schaaren".
[121]) „L. u. Sch." giebt diese zwei Zeilen:
  Ihr könnt ja froh zu Gottes Altar treten!
  Für Wunden gab er zarte Sorgsamkeit, u. s. w.

Drum („So" L. u. Sch.) betet daß die alte Kraft erwache,
Daß wir dastehn das alte Volk des Siegs.
Die Märtyrer der heilgen deutschen Sache
O ruft sie an als Genien der Rache
[122])Daß sie uns schützen in dem Sturm des Kriegs.
Luise schwebe seegnend um den Gatten
Geist unsers Ferdinands, voran dem Zug
Und all ihr deutschen freien Heldenschatten
Mit uns, mit uns und unsrer Fahnen Flug!

Der Himmel hilft, die Hölle muß uns weichen
Drauf, wackres Volk, drauf, ruft die Freiheit, drauf
Hoch schlägt dein Herz, hoch wachsen deine Eichen
Was kümmern dich die Hügel deiner Leichen
Hoch pflanze da die Freiheitsfahne auf.
Doch stehst du dann, mein Volk, bekränzt vom Glücke
In deiner Vorzeit heilgem Siegerglanz,
Vergiß die treuen Todten nicht, und schmücke
Auch unsre Urne mit dem Eichenkranz.

Anmerkung. Diese Dichtung ward von C. M. v. Weber in
Altenburg am 23. September 1814 componirt.

Was uns bleibt. (1813. „L. u. Sch.")

Was uns bleibt, wenn Deutschlands Säulen [123]) brechen,
Wenn der (Deutschen) Götter Stimme trügt
Wenn der Menschheit Wunden sich nicht rächen
Wenn das heiligste Vertrauen lügt
Wenn umsonst die aufgeblitzte Jugend
Um des Vaterlandes Kerker stürmt

---

[122]) „L. u. Sch." hat statt dieser Zeile folgende: Als gute Engel
des gerechten Kriegs.
[123]) Ursprünglich: „alle Tempel" und dann „unsre Eichen".

Und des Volkes spartergleiche Tugend
Fruchtlos Leichen über Leichen thürmt
Was uns bleibt, wenn wir trotz unserm Rechte
Knirschend vor dem falschen Glücke stehn
Und des Wüthrich's feile Henkersknechte
Mordend durch der Freiheit Tempel gehn
Was uns bleibt, wenn unser Blut vergebens
Auf des Vaterlandes Grab verraucht
Und der Freiheit Stern, der Stern des deutschen Lebens
An dem deutschen Himmel niedertaucht
Was uns bleibt? — Rühmt nicht des Wissens Bronnen,
Nicht der Künste friedensreichen Strand
Für die Knechte giebt es keine Sonnen
Und die Kunst verlangt ein Vaterland!
Aller Götter Stimmen sind verklungen
¹²⁴)In den Jammerton der Sclaverey
Und Homer, er hätte nie („nicht") gesungen
Doch sein Griechenland war frei.
Was uns bleibt. — Ein christliches Ertragen,
Wo des Dulders feige Thräne thaut.
Soll ich selbst den Altar mir zerschlagen
Den ich mir im Herzen aufgebaut.
Soll ich das für Gottes Finger halten
Wo der Menschheit Engel Rache schrein.
Wo die Teufel teuflisch walten,
Das kann nur ein Sieg der Hölle sein.
Bleibt uns nichts. Fliehn alle gute Engel
Mit verwandtem Angesicht
Brechen aller Hoffnung Blüthenstengel
Weil des Sieges Palme bricht.
Kann der Arm kein rettend Kreuz umklammern ¹²⁵)
In der letzten höchsten Noth

---

¹²⁴) „L. u. Sch." hat: Vor dem Jammerton der Sklaverei u. s. w.
¹²⁵) „L. u. Sch" hat: umarmen, In der höchsten letzten Noth
u. s. w.

Müssen wir verzweifeln und verjammern
Gibt es keine Freiheit als den Tod?
Nein noch lebt der Hoffnung Himmelsfunken
126) Muthig vorwärts durch das falsche Glück.
S'war ein Stern, jetzt ist er zwar versunken
Doch der Morgen bringt ihn uns zurück.
S'war ein Stern, die Sterne bleiben
S'war der Freiheit goldner Stern,
Laß die blutgen Wolken treiben
127) Er ist in der Huth des Herrn.
Darum haltet fest im Glauben 128)
Der Tyrann reicht nicht hinauf
Kann dem Himmel keine Sterne rauben,
Und das Licht der Freiheit geht noch auf. 129)
Ob er auch 130) die freud'ge Jugend tödte,
Für den Willen gibt es keinen Tod
Und des Blutes deutsche Heldenröthe
Jubelt von der Freiheit Morgenroth.

131) Doch! — wir sehn's im Aufschwung unsrer Jugend
In des Volkes hohem Heldengeist,
Ja! es giebt noch eine deutsche Tugend
Deren Machtwort 132) einst die Ketten reißt.
Wenn auch jetzt in den bezwungnen Hallen
Tyranney der Freiheit Tempel bricht,
Deutsches Volk! Du konntest fallen
Aber sinken kannst du nicht!

---

126) Könnte auch gelesen werden: Schaut nur muthig durch das falsche Glück.
127) „L. u. Sch." hat: Der ist u. s. w.
128) „L. u. Sch.": Mag die Hölle drohn und schnauben, u. s. w.
129) „L. u. Sch." hat hier nur: Unser Stern geht auf!
130) „L. u. Sch." hat: Ob die Nacht u. s. w.
131) Der hier mit „Doch!" u. s. w. beginnende Abschnitt (8 Zeilen) hat in der Abfassung der Dichtung in „L. u. Sch." seine Stellung

Moskau. (1813. „N. u. Sch.")

Wie wölben dort sich deiner Kirchen Bogen,
Wie schimmern der Palläste goldne Wände,
Es schwärmt der Blick, wie [133]) ich ihn rings versende
Von einer Pracht zur andern fortgeflogen.
Da wälzen sich auf einmal glühnde Wogen
Es schleudern deiner Bürger eigne Hände
Aufs eigne Dach die sprühnden Fackelbrände
Ein Feuerkreis hat brasselnd [134]) dich umzogen
O laß dich nur vom Aberwitz verdammen
Ihr Kirchen stürzt! Palläste brecht zusammen
Der Phönix Rußlands wirft sich in die Flammen
Doch hochverklärt aus seinem Feuerkranze
Wird er erstehn im frischen Jugendglanze
[135])Und St. Georg schwingt Sausend seine Lanze.

[136)]**Als ich schwer verwundet lag
im Augenblicke des höchsten Schmerzes.**

Gott, laß mich nicht erliegen
In meiner Wunde Brand,
Laß nicht die Marter siegen,
S'war ja für's Vaterland! —

---

nach der 40. Zeile, worauf dann die 49. Zeile mit den Worten:
„Und noch lebt der Hoffnung Himmelsfunken!" die Weiterführung
übernimmt, im Gegensatz zu dem hier gegebenen: „Nein noch lebt"
u. s. w.

[132]) „L. u. Sch." hat: die allmächtig.
[133]) „L. u. Sch." giebt die Lesart: wohin ich ihn versende u. s. w.
[134]) brasselnd (sic!).
[135]) Die Auffälligkeiten dieser Zeile sind getreu nach der Handschrift und jedenfalls ein Beweis für die eilige Abfassung. „L. u.
Sch." hat: „siegend" für „Sausend". — Besonders auffällig bleibt

Verlaß mich nicht, du Milde,
Der ich mich sonst bewußt
Decke mit deinem Schilde
Die qualzerrißne Brust.

Der Kopf will mir zerspalten
Wild glüht des Auges Kreis
Doch meine Glieder kalten
Wie in des Nordens Eis.

Von wuth'ger Qual zertreten
Der Geist im Staube schleicht.
Laß mich nur einmal beten,
Mein Gott, dann wird mir leicht.

Dein Gnad' ist unverderblich! —
Muth, wenn das Herz auch reißt.
Der Leib, der Schmerz ist sterblich,
Unsterblich ist der Geist.

Des Dichters Vaterland. [137])

Wo ist des Dichters [138]) Vaterland.
Wo reinster („edler") Geister Funken sprühten
Wo Kränze für das Schöne blühten

---

dann noch der Umstand, daß sich dieses Sonett erst hier nach Dichtungen vom Juni 1813 vorfindet.

[136]) Dieses Gedicht findet sich im Taschenbuche in einer gut lesbaren Tinten-Niederschrift, ward bisher noch nicht veröffentlicht und zeigt den letzten durchstrichenen Vers auch in folgender Form:

Dein Gnad' ist unverderblich! —
Brich nicht, du Menschenherz,
Der Geist bleibt ja unsterblich
Doch sterblich ist der Schmerz.

[137]) „L. u. Sch." hat: Mein Vaterland. 1813.

[138]) Statt „des Dichters" hat „L. u. Sch." durch das ganze Gedicht in der 1. Zeile „des Sängers" und in der 6. „mein".

Wo starke Herzen freudig glühten
Für alles Heilige entbrannt
Da war des Dichters Vaterland.

Wie heißt des Dichters Vaterland.
Jetzt über seiner Söhne Leichen,
Jetzt weint es unter fremden Streichen,
Sonst hieß es nur das Land der Eichen,
Das freie Land, das deutsche Land
So hieß des Dichters Vaterland.

Was weint des Dichters Vaterland.
Daß vor des Wüthrichs Ungewittern
Die Fürsten seiner Völker zittern
Daß ihre heilgen Worte splittern
Daß Recht und Tugend ist verbannt. [139]
Drum weint des Dichters Vaterland.

[140] Jetzt ruft des Dichters Vaterland.
Es ruft in Wüthrichs Donnerwettern
Nach den verstummten deutschen Göttern
Nach seiner Freiheit, seinen Rettern
Nach der Vergeltung Rachehand
Die ruft des Dichters Vaterland.

Was will des Dichters Vaterland.
Die Knechte will es niederschlagen
Tyrannen („den Bluthund“, L. u. Sch.) aus den Gränzen [jagen
Und frei die freien Söhne tragen
Oder frei sie betten unterm Sand.
Das will („das deutsche“) des Dichters Vaterland.

---

[139] „L. u. Sch.“ hat: Und daß sein Ruf kein Hören fand.
[140] „L. u. Sch.“ hat: Wem ruft des Sängers Vaterland? —
Es ruft nach den verstummten Göttern,
Mit der Verzweiflung Donnerwettern,
Nach seiner Freiheit, seinen Rettern,
Nach der Vergeltung Rächerhand.
Der ruft mein Vaterland.

Und hofft das deutsche Vaterland.
Es hofft auf die gerechte Sache
Hofft das [141]) sein treues Volk erwache
Hofft auf des großen Gottes Rache
Und hat den Rächer nicht verkannt.
Das hofft des Dichters Vaterland. [142])

An den König,

als das Gerücht ihn in der Bautzner Schlacht gefallen nannte. [143])

Heil dir, mein Fürst auf deinem [144]) Sternenthrone,
Bricht auch das Herz vom höchsten Schmerz bezwungen,
Mit letzter Kraft dir jubelnd Heil gesungen,
Der Jammer stirbt im höchsten Siegestone.
Ja bis das letzte deutsche Wort verklungen
Jauchzt noch das Vaterland von seinem Sohne!
Der kämpfend für sein Volk und seine Krone
Sich königlich den Königstod errungen
[145])Hoch wächst der Sieg aus deines Blutes Bächen
Dein Nahme wird des Wütrichs Mauern brechen
Das treue Volk muß seinen König rächen.
Du aber sanft entschlummert unter Leichen
Erwache sanft in jenen („deinen", L. u. Sch.)goldnen Reichen
Die Palmen blühn dir dort für deine Eichen.

---

[141]) „Das" (für „daß") hat die Handschrift, die durch das ganze Gedicht sehr flüchtige, eilige Niederschrift zeigt, wie z. B. auch die Eingangszeilen an keiner Stelle das Fragezeichen führen.

[142]) Dieses Lied ward, wie C. M. v. Weber in einem Briefe selbst mittheilt, von ihm ebenfalls 1814, aber nach dem 20. November componirt.

[143]) „L. u. Sch." hat hier die kleine Abweichung: An den König. Als u. s. w. 1813.

[144]) „L. u. Sch." hat: Strahlenthrone.

[145]) „L. u. Sch." giebt hier: Der Sieg fleugt auf.

Gebet.[146]

Mel. Wer nur den lieben Gott läßt walten.

Wir rufen dich mit freudgen Blicken
Und halten fest an deinem Wort
Die Hölle soll uns nicht berücken
Durch Aberwitz und Meuchelmord
Und was auch rings in Stücke [147]) geht
Wir wissens daß dein Wort besteht.

Nicht leichten Kampfes siegt der Glaube
Solch Glück [148]) will schwer errungen sein
Freiwillig tränkt [149]) uns keine Traube
[150]) Die Kelter nur preßt uns den Wein.
Und will der [151]) Engel himmelwärts
Erst bricht im Tod ein Menschenherz.

Drum mag auch noch im flachen [152]) Leben
Die Lüge ihre Tempel baun
Und mögen feige [153]) Schurken beben
Und sich vor Kraft und Tugend graun
Und mit der Feigheit Schwindeldrehn
Vor dem erwachten Volke stehn.

Und mögen sich noch Brüder trennen
[154]) Für den Versucher sich entzwein
Und deutsche Fürsten es verkennen

---

[146]) Statt „Gebet" führt diese Choraldichtung in „L. u. Sch." den Titel: „Unsre Zuversicht. 1813."
[147]) „L. u. Sch." hat: in Trümmern.
[148]) „L. u. Sch." hat: Gut.
[149]) „L. u. Sch." hat: tränkt.
[150]) „L. u. Sch." hat: Die Kelter nur erpreßt den Wein.
[151]) „L. u. Sch." hat: ein.
[152]) „L. u Sch." hat: falschen.
[153]) „L. u. Sch." hat: goldne.
[154]) „L. u. Sch." hat dafür: Und sich in blutgen Haß entzwein.

Daß ihre Kronen Schwestern sein (sic! b. H.)
[155]) Und daß wenn Deutschland einig bleibt
Es dieser Welt Gesetze schreibt.

. . . .

Abschied. [156])

In der Nacht vom 17. zum 18ten Juni, 1813.

(Und wie die Sinne langsam mir vergehen

In warmen Strömen flüchtet, schon)

Die Wunde brennt, die bleichen Lippen beben

(Heiß rinnt das Blut. — Mit ihm verinnt mein Leben)

Ich fühls an meines Herzens mattem [157]) Schlage

(Das ist der finstre Ausgang meiner Tage)

Ich stehe [158]) an den Marken meiner Tage

Gott wie du willst dir hab ich mich ergeben

(Früh soll ich scheiden aus dem heitern Leben

Gewaltsam reißt der Hoffnung frohes Streben)

Viel goldne Bilder sah ich um mich schweben

---

[155]) „L. u. Sch." hat: Und daß wenn Deutschland einig blieb,
Es einer Welt Gesetze schrieb.

[156]) „L. u. Sch." giebt den Titel: „Abschied vom Leben. Als ich in der Nacht vom 17ten zum 18. Juni 1813 schwer verwundet und hülflos in einem Holze lag und zu sterben meinte." — Das Aussehen und die Haltung der Schriftzüge dieses Sonetts, das gerade eine Tagebuchs-Seite füllt, die ausgestrichenen und quergeschriebenen Zeilen, von denen hier die ersteren, um keinen der Gedankenanläufe des Dichters verloren gehen zu lassen, in Parenthesen mit aufgeführt sind, deuten genügend auf die ernste Lage, in der sie von dem zum Tode verwundeten Dichter, jedenfalls nach seinem Wiedererwachen aus einer Bewußtlosigkeit vom starken Blutverluste und in der frühesten Morgenstunde des Junitages niedergeschrieben wurden.

[157]) „L. u. Sch." giebt: matterm Schlage.

[158]) „L. u. Sch." hat: Hier steh ich u. s. w.

Das schöne Traumlied [159]) wird zur Todtenklage
[160])Auf brechend Herz! Was ich so treu im Herzen trage
Das muß ja doch dort drüben [161]) ewig mit mir leben.

Und was ich hier als Heiligthum erkannte
(Wofür der jugendliche Muth entbrannte)
Wofür ich rasch und jugendlich entbrannte
(Und Freiheit, Tugend, Kunst und Liebe nannte)

Ob ich's nun Freiheit, ob ich's Liebe nannte
(Als einen Engel seh ich's vor mir stehen)
Als einen [162]) Seraph seh ichs vor mir stehen
Und wie die Sinne langsam mir vergehen
[163])Trägt es den Geist zu sonnenklaren Höhen. [164])

[159]) Traumlied haben Handschrift und „L. u. Sch."=Ausgabe übereinstimmend, während die meisten Veröffentlichungen dieses Sonetts hier den Begriff „Traumbild" führen. Auf einer zweiten, ebenfalls von Theodor Körner's Hand herrührenden Tinten-Nieder=schrift ist ebenso klar „Traumlied" zu lesen.

[160]) „L. u. Sch." hat: Muth! Muth! — Was ich so treu u. f. w.

[161]) „L. u. Sch." hat „drüben" nicht.

[162]) „L. u. Sch." hat: Als leichter Seraph u. f. w.

[163]) „L. u. Sch." hat: „Trägt mich ein Hauch zu morgenrothen Höhen."

Die erste Veröffentlichung dieses Sonetts ist wohl unzweifelhaft die in den „Berlinischen Nachrichten, v. Sonnabend, den 21. August 1813", wo sie sich unter „Anekdoten aus dem gegenwärtigen Kriege" zusammen mit einem kurzen Bericht über die Verwundung Theodor Körner's bei dem Ueberfalle von Kitzen vorfindet. Th. K. hatte nach seiner durch jene Wunde veranlaßten Abwesenheit vom Lützow=schen Corps in den Tagen vom 4. bis 8. August bei Parthey in Berlin Aufenthalt genommen, und von dieser Seite aus mögen oben angeführte Mittheilungen in die genannte Berliner Zeitung gelangt sein. Die dem Titel des Sonetts beigefügte Notiz zeigt die Sprechweise, wie sie dem Dichter eigen war; es sind die Worte: „In der Nacht vom 17ten zum 18ten Juni, als ich schwer verwundet und hülflos in einem Gehölze lag und zu sterben meinte."

[164]) Componirt von C. M. v. Weber ward dieses Sonett nach

Wilknitz. [166])

Er wurde am 17ten Juni 1813, als das Lützow'sche Frei=
corps auf dem Schlachtfelde von Lützen überfallen wurde, von
wirtembergischen Jägern, nachdem er 9 derselben schwer ver=
wundet hatte, vom Pferde gehauen, darauf von dem Feinde in
ein Bauerhaus gebracht und da er noch Athem holen konnte, ver=
bunden. Als er wieder zu sich kam, riß er den Verband mit den
Worten los: Von solchen Buben mag ich das Leben nicht, und
starb wenig Augenblicke darauf.

[Auf Wilknitzens Tod.] [166])

Steig' Flügelroß, den Sturm in deinen Mähnen,
[167]) Fleug' auf mein Lied, mit deinem kühnsten Schwung

einer von ihm selbst gegebenen brieflichen Mittheilung ebenfalls
1814, und zwar nach dem 20. November.

[165]) Der Reiter, den Theodor Körner hier „Willnitz" nennt,
dürfte derselbe sein, der von dem Verfasser des „Streifzuges der
Lützow'schen Reiterschaar ꝛc." auf S. 51 als „Willnitz" aufgeführt
wird. Der hier in Frage kommende Gefechtsvorgang dürfte sich
1/2 10 Uhr Abends bei Klein=Schkorlopp zugetragen haben und das
erwähnte Bauerhaus hätte man in diesem Dorfe zu suchen. Der
Verfasser des „Streifzuges u. s. w." giebt an: An den Stimmen
einzelner zum Kampfe ermuthigender Kameraden, glaubte ich unter
Anderen Willnitz, Storch, Hahn und Mühlenfels zu erkennen.
In den „Skizzen aus dem Leben Hoffbauers (eines Lützower
Reiters), Halle, 1869" wird S. 154 angegeben: „Ich ward mit
Wüllnitz und Storch kommandiert auf dem Wege nach Halle an der
Spitze der Kavallerie zu reiten." Dies geschah am 25. April 1813,
als das Lützow'sche Corps Leipzig verließ und läßt ersehen, daß
Wüllnitz eine zu militärischen Aufgaben brauchbare Persönlichkeit
und sicherlich, wie ihn auch Th. K. aufführt, ein Lützower Reiter
war.

[166]) Dieser Titel konnte vorstehender, bisher noch nicht gedruckter
Dichtung gegeben werden, weil sie vollkommen die Thatsachen der
vorausgegangenen Mittheilung Theodor Körner's über Wilknitz (aus
dem Ueberfall bei Kitzen vom 17. Juni 1813) enthält.

Zu dir, mein Held, zu dir des Liebes Sehnen,
Zu deinem Licht aus meiner Dämmerung:
Und füllen gleich die Augen sich mit Thränen
Dir gleich zu sein, bleibt doch mein stolzes Wähnen.

Auf deinem Grabe mag zum Lohne schweben
Die Eichenkrone, die dein Volk bir schlang;
[Begeistrung will in Liebesgluthen leben
Und einem Helden ziemet Bardensang:]
Ich ruf' es jubelnd unserm Vaterlande,
Daß ich dich Heldenseele Bruder nannte!

Du wirst unsterblich in den Herzen leben,
Wo Freiheit noch und Kraft in Liebern klingt.
In schönen Augen wird die Thräne leben,
Wenn man die That des kühnen Leuen singt
Und in des Volkes theurer Heldensage
Dem Enkel leuchten aus dem Kampf der Tage.

Noch seh ich dich in den treulosen Schaaren
Wie deine Faust die Mörder niedersticht,
[Wie ihre Dolche durch die Brust bir fahren
Und dir erblaßt das Heldenangesicht.]
Da treibt sie Tücke helfend bir zu nahen,
[Solch' einen Helden noch im Netz zu fahen.]

[Du wirst aus dem Getümmel weggetragen,
Man reicht bir Wein und legt Verbande an,
Doch du hast kaum die Augen aufgeschlagen:]
„Aus Bubenhand nehm' ich kein Leben an!“
Zornglühend rufft du's aus, zerreißest die Verbande
Und deine Seele fliegt zum Vaterlande.

[107]) „Fleug auf mein Lied“ — diesen Eingang benutzte Theodor
Körner bereits in jener „An Göthe“ gerichteten Dichtung, als er
dessen „Faust“ gelesen hatte.

Noch kann ich nichts, als deine Größe singen,
Doch wenn die Schlachtenlosung niederfällt,
Wenn die Trompeten todeslustig klingen
Und der Würgengel seine Hochzeit hält:
Dann darf ich dir den Stahl der Rache schwingen;
Der erste, der sich meinem Schwerte stellt,
Des Haupt, wenn die Walküren günstig walten,
Will ich dem Freund zum Todesopfer spalten.[168])

Mit nachstehendem Gedicht, eine Bleistift-Niederschrift, beginnt die sechste Lage des in das Taschenbuch eingelegten Papiers.

Wer den Flammberg schwingen kann.[169])

1., Das Volk steht auf, der Sturm bricht los
  Wer legt noch die Hände feig in den Schoos
  Pfui über dich Buben hinter dem Ofen
  Unter den Schranzen, unter [170]) den Zofen

---

[168]) Dieses mit „Auf Wilnitzens Tod" bezeichnete Gedichtsfragment bot gleich der kürzeren Dichtung: „An L., als sie das Feldzeichen sandte" die größten Schwierigkeiten für die Entzifferung. Die Handschrift ist die flüchtigste, die man sich denken kann; die Abtheilung in sechszeilige Strophen war von Körner noch nicht vorgenommen und die letzte achtzeilige Strophe konnte dazu führen, die Eintheilung vielleicht in dieser Strophenart zu versuchen. Was bei den sechszeiligen Strophen hier nach gegebenen Anhaltepunkten ergänzt ist, aber nicht von Th. K herrührt, ist in eckige Klammern geschaltet worden. — Als das nächstfolgende Gedicht nach dem „Abschied vom Leben" dürfte es bald darauf, wahrscheinlich schon am 18. Juni in Großzschocher verfaßt worden sein und sich als einen der stärksten Ausdrücke darstellen, den ein Betheiligter und Betroffener von jenem verrätherischen Ueberfalle bei Kitzen abgeben konnte.
[169]) In „L. u. Sch." führt diese Dichtung den Titel: „Männer und Buben. Nach der Weise: Brüder mir ist alles gleich u. s. w." — Mit dem Namen „Flammberg" ist bekanntlich in der Volkssage „Die vier Haimonskinder" zuerst das Schwert Reinolds von Montauban bezeichnet worden

Bist doch ein ehrlos erbärmlicher Wicht
Ein deutsches Mädchen küßt dich nicht
Ein deutsches Lied erfreut dich nicht
Und deutscher Wein erquickt dich nicht
Stoßt mit an
Mann für Mann
Wer den Flammberg schwingen kann.

2., Wenn wir die Schauer der Regennacht
Unter Sturmespfeifen wachend vollbracht
Magst du in warmen üppigen Pfühlen [171])
Wollüstig träumend die Glieder fühlen.
Bist doch (u. s. w). [175])

3., Wenn wir vorm Donner [172]) der würgenden Schlacht
Zum Abschied an's ferne Treuliebchen gedacht
[173]) Magst du alte Huren belaufen
Und dir mit Golde die Lust erkaufen
etc. [175])

4., Wenn uns der Trompete rauher Klang
Wie Donner Gottes zum Herzen drang [174])
Magst du im Theater die Nase wetzen
Und dich an Trillern und Läufern ergötzen
Bleibst doch (u. s. w.). [175])

---

[170]) „L. u. Sch." hat: und unter den Zofen!
[171]) „L. u. Sch." hat hierfür: Kannst du freilich auf üppigen Pfühlen.
[172]) „L. u. Sch." hat: vor'm Drange.
[173]) „L. u. Sch" hat: Magst du zu deinen Maitressen laufen.
[174]) Diese Zeile ist allerdings in der Handschrift durchstrichen.
[175]) Die gekürzten Angaben über den Schlußreim des Liedes und der Mangel dieser Angabe beim letzten Verse entsprechen genau der Handschrift; ebenso die hier zu beobachtende andere Reihenfolge der Strophen statt der in „L. u. Sch." ersichtlichen.

5., Wenn die Gluth des Tages versengend drückt
Und uns kaum ein Tropfen Wasser erquickt
Magst („Kannst", L u. Sch.) du Champagner springen lassen
Magst („Kannst", L. u. Sch.) du bei brechenden Tafeln prassen
etc.[173])

6., Wenn die Kugel pfeift, wenn die Lanze saußt,
Wenn der Tod uns in tausend Gestalten umbraußt
Kannst du am Spieltisch dein Septleva brechen
Und mit der Spadille die Könige stechen[173])

Der voranstehenden Dichtung folgen weitere Bleistift-Nieder-
schriften, die sich durch bedeutende Unleserlichkeit auszeichnen.
Dieser Umstand dürfte zweifelsohne besonders für die zwei zunächst
folgenden Dichtungen („das Lied von der Courage" und „Lied
von der Rache") dadurch entstanden sein, daß sie zu Pferde
niedergeschrieben wurden. Da sich diese Lieder zusammen mit
dem „Trinklied vor der Schlacht" nochmals von Theodor Körner's Hand in Tinten-Niederschrift an späterer Stelle finden, so
sollen sie an jener mit ihren Varianten vorgeführt werden.
Zwischen dieser sechsten und der nachfolgenden Papierlage ist
ein zusammengefalteter Folio-Briefbogen eingelegt, auf dem das
schon auf Seite 22 und 23 mitgetheilte v. Kalkreuth'sche an
Theodor Körner gerichtete Gedicht geschrieben ist.

————

Auf Seite 89 war bereits der erste Entwurf des unten folgenden Liedes, wie er sich in Bleistift-Niederschrift findet, vollständig und mit Angabe der Abweichungen, welche die „L. u.
Sch."-Ausgabe hat, gegeben worden; hier erfolgt nur die Wiedergabe der Abweichungen einer von Körner's Hand mit Tinte
niedergeschriebenen Reinschrift, welche sich als erste Dichtung auf
der siebenten und letzten beschriebenen Papierlage des Taschenbuchs findet.

am 17ten August.

Männer und Buben.

Nach der Weise: Brüder mir ist alles gleich.

Diesem hier neu auftretenden Titel für den früheren: „Wer den Flammberg schwingen kann" und der ebenfalls neu auftretenden Angabe der Melodie, folgen nun zunächst die sechs Strophen des Entwurfes in der Reihenfolge 1., 2., 4., 5., 3. und 6. und schließlich ein dem Entwurfe fehlender, sehr geeigneter Schluß= vers. Diese Reinschrift enthält vollkommen den Wortlaut des ersten Druckes des Liedes in der von Dr. Ch. G. Körner 1814 veranstalteten Ausgabe von „Leyer und Schwerdt" und dieser Wortlaut ist bereits bei den Abweichungen des Entwurfes zu demselben bekannt gegeben; so bleibt hier nur übrig, die siebente und letzte Strophe des Liedes vorzuführen:

Und schlägt unser Stündlein im Schlachtenroth,
Willkommen, du seel'ger [176]) Soldatentod!
[177]) Du mußt dann unter seidnen Decken
Unter Mercur und Latwerge verrecken,
[178]) Stirbst als ein ehrlos erbärmlicher Wicht;
Ein deutsches Mädchen beweint dich nicht,
Ein deutsches Lied („erfreut") besingt dich nicht,
Und deutsche Becher klingen dir nicht.
Stoßt mit an,
Mann für Mann,
Wer den Flammberg schwingen kann! [179])

[176]) „L. u. Sch." hat: sel'ger.
[177]) „L u. Sch." giebt hier die zwei Zeilen:
Du verkriechst dich in seidene Decken
Winselnd vor der Vernichtung Schrecken.
[178]) Der hier vom „Stirbst — bis zum Schlusse" etwas ab-weichende Kehrvers findet sich genau so in „L. u. Sch.".
[179]) Diese Niederschrift entstand am 17. August, angeblich „in einer Bivouakhütte bei Büchen an der Stecknitz"; der bereits hier

Courage.[180])

Nach der Weise: Ach Potsdam, ach Potsdam!

Courage! Courage!
Du machst mich ganz schachmatt.
Wer war denn nur der Teufelskerl:
Der dich erfunden hat.

Mama, ich soll Soldate werd'n,
Mama, da wird nichts draus,
Sie schießen einem im Dunkeln
Wohl gar ein Auge aus.

Ich soll 'ne Flinte tragen,
Solch' feiner Leute Kind!
Mama, sie wissen's noch gar nicht,
Was d'Franzosen für Flegel sind

Mein ("Söhnchen") Thomas! bleib zu Hause;
Pfui! Blut! ein schlechter Durst.
Ich laß dir ein Äpfelchen braten,
Und kauf dir 'ne braunschweiger Wurst.

Fein's Liebchen, ich wollt Soldat werd'n,
Die Mutter leidet's nicht! —
Da muß ich's lassen bleiben,
S'wär wieder die Kindespflicht.

_____

auf S. 89 abgedruckte Entwurf des Liedes dürfte kurze Zeit vorher
entstanden sein. Bei dem dreitägigen Verweilen Körner's in oder
bei Büchen fand er wohl Zeit und Ruhe zu dieser und den anderen
Reinschriften, die hier mit dem Datum des 17. August abgedruckt
sind.

[180]) In der Bleistift-Niederschrift, die auf S. 91 erwähnt wird,
lautet der Titel dieser bisher ungedruckten Dichtung: „Das Lied von
der Courage."

Die Kindespflicht muß weichen,
Zum Kampfe, trauter Thomas!
Sieg oder stirb für's Vaterland,
Wie Heldensöhne Roms.

Ich hab ja mein gewisses Brodt
Beim Schwefel und bei Caffee,
Und morgen sollt die Hochzeit sein,
Und ich soll sterben? — O weh!

Wenn die Franzosen nun keinen Spaß verstehn?
Die Kerls sind indiskret! —
Ach, laß sie sich schlagen, — wir küssen,
Gieb Acht! daß es ohne mich geht.

Ei willst du mein Treuliebster sein,
So zeige dich als Mann,
Denn der versteht das Lieben nicht,
Der nicht auch zuschlagen kann.

Nun! soll's denn sein, und muß es sein!
O („Ach") Welt, wie bist du verkehrt.
Nun Mutter, so kauf mir ein Büchsenrohr,
Ach Gott, und kauf mir ein Schwert.

Und kauf mir ein Pfund Courage,
Das Geld wend' ich gerne dran,
Und kauf mir ein groß Rosinenfaß,
In daß [*]) ich mich kriechen kann.

Und packe mich in Baumwolle ein,
Wenn ich marschiren muß,
Dann nehm ich's mit dem Stärksten auf —
Pautz!! — Gott, da fällt ein Schuß! —

[*]) (sic!)

Sei außer Angst, mein Söhnchen,
S'war nun die Kellerthür! —
Herr („Mein") Jesus, du wirst ja ganz leichenblaß!
Geschwind, und nimm ein Klystier!

—— ——

Und als er wieder zu sich kam,
Zu alter Heldenkraft,
Da nahm er Abschied von der Braut, —
Und fraß Locrizienfaft!

Das Lied von der Rache! [102])
Nach der Weise: Am Rhein, am Rhein!

Heran, heran! — Die Kriegstrompeten schmettern,
Heran! Der Donner braußt! —
Die Rache ruft in zack'gen Flammenwettern,
Der deutschen Rächerfaust!

Heran, heran zum wilden Furientanze,
Noch lebt und glüht der Molch!
Drauf, Brüder, drauf mit Büchse, Schwerdt und Lanze,
Drauf, drauf mit Gift und Dolch!

Was Völkerrecht? — Was sich der Nacht verpfändet,
Ist reife Höllensaat.
Wo ist das Recht, das nicht der Hund geschändet
Mit Mord und mit Verrath.

Sühnt Blut mit Blut! — Was Waffen trägt, schlagt nieder!
S'ist alles Schurkenbrut!
Denkt unsres Schwurs, denkt der verrathnen Brüder,
Und sauft euch satt in Blut.

---

[102]) Bisher ungedruckt gebliebene Dichtung.

Und wenn sie winselnd auf den Knien liegen,
Und zitternd Gnade schrein,
Laßt nicht des Mitleids feige Stimme siegen,
Stoßt ohn' Erbarmen drein!

Und rühmten sie, daß Blut von deutschen Helden
In ihren Adern rinnt,
Die kennen [113]) nicht des Landes Söhne gelten,
Die seine Teufel sind.

Ha, welche Lust, wenn an dem Lanzenknopfe
Ein Schurkenherz zerbebt,
Und das Gehirn aus dem gespaltnen Kopfe
Am blut'gen Schwerdte klebt.

Welch Ohrenschmaus, wenn wir bei Sieges Rufen,
Vom Pulverdampf umqualmt,
Sie winseln hören, von der Rosse Hufen
Auf deutschem Grund zermalmt.

Gott ist mit uns! — Der Hölle Nebel weichen,
Hinauf, du Stern, hinauf!
Wir thürmen dir die Hügel ihrer Leichen
Zur Pyramide auf!

Dann brennt sie an, — und streut es in die Lüfte,
Was nicht die Flamme fraß,
Damit kein Grab das deutsche Land vergifte
Mit überrhein'schem Aas!

[113]) (sic!)

Trinklied vor der Schlacht.

Nach der Weise: Feinde ringsum! [184)

Schlacht, du brichst an!
Grüßt sie im freudigen [185]) Kreise
Laut nach germanischer Weise.
Brüder, heran!

Noch perlt der Wein;
Eh' die Posaunen erdröhnen,
Laßt uns das Leben versöhnen.
Brüder, schenkt ein!

Gott Vater hört,
Was an des Grabes Thoren
Vaterlands Söhne geschworen;
Brüder, ihr schwört.

Vaterlands Hort.
Woll'n wir's aus glühenden Ketten
Todt oder siegend erretten. —
Handschlag und Wort!

Hört ihr sie nahn!
Lieben und Freuden und Leiden, [186])
Tod! Du kannst uns nicht scheiden!
Brüder! stoßt an!

Schlacht ruft! hinaus!
Horch! die Trompeten werben
Vorwärts, auf Leben und sterben! [187])
Brüder, trinkt aus!

---

[184]) Von C. M. v. Weber ward das Lied am 19. October 1814 zu Prag componirt.
[185]) „L. u. Sch." hat: in freudigem Kreise u. s. w.
[186]) „Liebe und Freude und Leiden" hat der Bleistift-Entwurf.
[187]) „sterben" (sic!).

Schwerdtlied.[188]

Du Schwerdt an meiner Linken
Was soll dein heitres Blinken.
Schaust mich so freundlich an,
Hab meine Freude dran.
Hurrah! — (Mit die Schwerdter geklirrt.)

[188] Der Bedeutung dieses letzten Liedes Theodor Körner's
wegen, seien hier die Abweichungen angegeben, die sich sowohl in
der im Herbst 1813 von Wilh. Kunze besorgten Ausgabe der
„Zwölf freien deutschen Gedichte von Theodor Körner" vorfinden,
als auch in der durch Th. G. Körner 1814 bewirkten Ausgabe von
„Leyer und Schwerdt". Der Titel dieses Liedes lautet in den
„Zwölf freien deutschen Gedichten": „Schwerdtlied. Theod. Körners
Schwanengesang, gesungen am 26. Aug. 1813. Dieses Lied dichtete
Körner wenig Stunden vor seinem Tode" — „L. u. Sch." giebt
den Titel folgendermaßen: „Schwerdtlied. Wenig Stunden vor dem
Tode des Verfassers am 26. Aug. 1813 gedichtet", woraus man
ersieht, daß Th. G. Körner die von W. Kunze ursprünglich gemachte
Angabe über die Entstehungszeit des Liedes anerkennt und aufrecht
erhält. Von des Dichters eigener Hand reichen im Taschenbuche
die Zeitangaben nur bis mit dem 22. August. Da das Schwertlied hinter allen Niederschriften der Brieftasche an letzter Stelle erscheint, so dürfte es muthmaßlich nicht vor dem 22. August niedergeschrieben worden sein. Diese sich aus dem Taschenbuch ergebende
Annahme findet weitere Bestätigung durch einen im Körner-Museum
befindlichen Brief des Lützower's W. Beuth mit folgendem Inhalt:

Im Bivouac
bei Wöbelin
am 27. Aug: 1813.

Am 26ten zwischen 11 und 1 Uhr Mittags, fiel Theodor Körner
unser gemeinschaftlicher Freund und mein unvergeßlicher Camerad,
auf dem Bette der Ehre, bey einen Angriff den der Major
v. Lützow zwischen Gadebusch und Schwerin auf eine feindliche
Colonne machte.

Eine Kugel traf ihn durch den Unterleib, und er starb den
sanftesten Heldentod. Seine Züge blieben unverändert. Der
Major v. Lützow ließ ihn hierher bringen. Von allen geliebt,
wird er heute zur Erde bestattet; unter einer Eiche, die seine
Cameraden mit passenden Inschriften versehen werden. —

„Mich trägt ein wackrer Reiter,

„Drum blink ich auch so heiter,

„Bin freien [189]) Mannes Wehr,

„Das freut dem Schwerdte sehr.

etc. („Hurrah!" L. u. Sch.)

Bey dem Angriff hatten wir nur fünf Todte, und unter diesen Körner, und der Graf Hardenberg im Gefolge des Grafen Tettenborn. — Unser Sieg, das Niedermetzeln von 100 Franzosen, und 25 Gefangne, tröstete uns nicht wegen dieses Verlustes. Mündlich einst mehr, wenn wir auf freiem Boden der Vergangenheit vergessen werden.

Sie erhalten anbei das, was sich bey ihm fand, bis auf zwei Ringe, welche zwei jetzt detachirte Kameraden zu seinem Andenken tragen, und die ich, wenn seine Angehörigen es verlangen, herausgeben lassen kann.

Das letzte Gedicht in seiner Brieftasche schrieb er in Kirchjesar am 24. d. M., ich lieh ihm einen Bleystift dazu, den ich als Andenken aufbewahren werde.

Beuth
Adjutant.

Die unglückliche Kugel ist erst durch den Hals des Pferdes gegangen. Zu dem ersten Jäger, der ihn auf der Erde liegend gefunden, hat er gesagt: ich bin nur leicht verwundet. — Das sind seine einzigen und letzten Worte gewesen.

den 29. 8ᵗ. 1813. P.

Anmerkung des Herausgebers. Dieses P. könnte wohl den Namen Parthey's vertreten, mit dem Beuth als Berliner jedenfalls bekannt war.

Der Schreiber obigen Briefes, Wilhelm Beuth (geb. 1781, gest. 1853) war zur Zeit von Th. K.'s Tode als Adjutant beim Regiments-Kommandeur Woronzoff kommandirt und diente sonst als Husaren-Lieutenant bei der 4. Schwadron des Lützower Freicorps; dem Gefecht beziehentlich Ueberfall bei Rosenberg am Vormittag des 26. August, wobei Th. K. fiel, hat er nicht beigewohnt und es mag sich daraus die Angabe der späteren Vormittagsstunde erklären. Jedenfalls erhärtet aber der vorstehende Brief des durchaus glaubwürdigen Lützower Offiziers, entgegen den Angaben der oben angeführten beiden Erstdrucke von 1813 und 1814, die wirkliche Entstehungszeit des Schwertliedes. Der von Beuth an Th. K. zum Niederschreiben dieses Liedes geliehene Bleistift ist bis auf unsere

Ja, gutes Schwerdt, frei bin ich,[189])
Und liebe dich herzinnig,
Als wärst du mir getraut,
Als eine liebe Braut.[190])
etc.

„Dir hab ich's ja ergeben
„Mein lichtes Eisenleben
„Ach, wären wir getraut.[191])
„Wann hohlst du deine Braut.
etc.

Zur Brautnachts Morgenröthe
Ruft festlich die Trompete.
Wenn die Canonen[192]) schrein,
Hohl ich das Liebchen ein.
etc.

„O seeliges Umpfangen![193])
„Ich harre mit Verlangen.
„Du Bräut'gam[194]) hohle mich.
„Mein Kränzchen bleibt für dich.
etc.

Tage erhalten geblieben: er befindet sich in einem Glaskästchen am
Sockel einer zum Gedächtnisse der freiwilligen Lützower Jäger her-
gestellten Ehrensäule, die in der Waffensammlung des Zeughauses
zu Berlin seit 1838 aufgestellt ist.

[189]) Für „freien" ist die Lesart „guten" weggestrichen.
[190]) „12 s. b. Geb." hat: Du gutes Schwerdt, froh bin ich u. s. w.
[191]) „12 s b. Geb." hat: meine liebe Braut.
[192]) Die ursprüngliche, ausgestrichene Verszeile lautete:
Und bin dir angetraut.
[193]) „Canonen" (handschriftlich).
[194]) „Umpfangen" (handschriftlich).
[195]) An Stelle von „Du Bräut'gam" ist weggestrichen: Frisch
Reiter (handschriftlich). — „12 s. b. Geb." hat hier: Komm Bräutigam
hole mich.

Was klirrst du in der Scheide,
Du helle Eisenfreude,
So wild, so schlachtenfroh!
Mein Schwerdt, was klingst [196]) du so?
etc.

„Wohl klirr ich in der Scheide,
„Ich sehne mich zum Streite
„Recht wild und schlachtenfroh,
„Drum Reiter, klirr ich so.
etc.

Bleib doch im engen Stübchen!
Was willst du hier, mein Liebchen,
Bleib still im Kämmerlein.
Bleib, [197]) bald hohl ich dich ein.
etc.

„Laß mich nicht lange warten
„O schöner Liebesgarten,
„Voll Röslein blutigroth,
„Und aufgeblühtem Tod.
etc.

So komm denn aus der Scheide,
Du Reiters Augenweide,
Heraus, mein Schwerdt, heraus,
Führ dich ins Vaterhaus. [198])
etc.

Ach, herrlich ist's im Freien
Im rüst'gen Hochzeits Reihen,
Wie glänzt im Sonnenstrahl
So bräutlich hell der Stahl!
etc.

_____

[196]) „12 f. d. Ged." habt: Was klirrst du so?
[197]) In der Handschrift ist „Recht" an dieser Stelle weggestrichen.
[198]) Für „Vaterhaus" haben die „12 f. d. Ged." „Sterbehaus".

Wohlauf, ihr kecken [199] Streiter,
Wohlauf, ihr deutschen Reiter,
Wird euch das Herz nicht warm
Nehmt's Liebchen in den Arm.

etc.

Erst that es an der Linken
Nur ganz verstohlen blinken, [200]
Doch an die Rechte traut
Gott sichtbarlich die Braut. [201]

etc.

[202] Drum drückt den liebeheißen
Bräutlichen [203] Mund von Eisen
An Eure Lippen fest.
Fluch wer die Braut verläßt.

etc.

---

[199] Für „kecken Streiter" haben die „12 f. b. Ged." „tapfere
Streiter".

[200] In der Handschrift liest man auch durchstrichen:
Als Liebchen an der Linken,
That sie nur heimlich blinken.

[201] Die „12 f. b. Ged." haben die Strophe folgendermaßen:
Laßt erst es in der Linken
Nur ganz verstohlen blinken;
Doch an die Rechte traut
Dann sichtbarlich die Braut.

[202] In den „12 f. b. Ged." ist die Strophe so wiedergegeben:
Nun drück' den liebeheißen
Bräutlichen Mund von Eisen
An deine Lippen fest —
Fluch wer die Braut verläßt!

[203] Für „Bräutlichen" zeigt die Handschrift noch das weg-
gestrichene „Stahlhellen".

Nun laßt [204]) das Liebchen singen,
Das [205]) helle Funken springen.
Der Hochzeits Morgen graut,
Hurrah die Eisenbraut. [206])
etc.

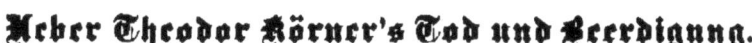

Ueber Theodor Körner's Tod und Beerdigung.

Der unter Nr. 188 auf Seite 98 angeführte Brief des Adju=
tanten W. Beuth giebt an, daß sich Beuth gleichzeitig am 24. Au=
gust mit Körner in Kirch=Jesar befunden habe. Körner's letzte,
von ihm selbst noch in das Taschenbuch eingetragene Datum=
Angabe (siehe Seite 37) lautet wie schon erwähnt vom 22. August.
Dr. Friedrich Latendorf in Schwerin brachte neuerdings (siehe
Mecklenburgische Zeitung vom 16. September 1892) eine Angabe
der weiteren Daten und letzten Stationen, an denen Theodor
Körner verweilte, wie er sie aus den sorgfältigen Erörterungen
von Friedrich Brasch (siehe dessen: Das Grab bei Wöbbelin, oder
Theodor Körner und die Lützower. Schwerin 1861. Stiller'sche
Hofbuchhandlung) gefunden hat. Sie mögen hier folgen, um das

---

[204]) Für „laßt" zeigt die Handschrift ein durchgestrichenes „soll".

[205]) „Das" (sic! — handschriftlich).

[206]) Carl Maria v. Weber schreibt in einem (im Körner-Museum
befindlichen) aus Gräfentonna bei Gotha vom 14. September 1814
Nachts 10 Uhr an seine Braut Caroline Brand gerichteten Briefe,
daß er Tags vorher Körner's „Schwertlied und Lützows wilde
Jagd" componirt habe. — Siehe auch Max M. v. Weber's Lebens=
bild seines Vaters C. M. v. Weber, 1. Bd., S. 450 bis 468.
Damit erledigt sich eine Mittheilung eines Professor Fr. Hübler,
der unterm 15. März 1891 in dem in Zittau erscheinenden „Gebirgs=
freund" in einem Artikel über den Badeort Liebwerda angiebt, C. M.
v Weber habe während seines Aufenthaltes daselbst, der vom 8. Juni
bis 31. Juli 1814 dauerte, bereits „die 10 Kriegslieder zu Theodor
Körner's Leyer und Schwert" componirt.

oben gegebene, von Theodor Körner unter „Mein Feldzug“ selbst geführte Feldzugs = Tagebuch bis zu dessen Tode zu ergänzen. Körner verweilte demnach am 23. August in Kirch = Jesar (nach W. Beuth bis zum Morgen des 24. August), am 24. August in Warsow bei Hagenow, am 25. August in Gottesgabe²⁰⁷) und am 26. August bei Tagesanbruch ritt Körner von Gottesgabe über das Dorf Lützow nach Rosenberg, um sich an der Weg = nahme eines französischen Proviantzuges zu betheiligen. Bei dem sich hierbei entspomenen Gefecht traf ihn morgens um 8 Uhr auf einem Felde rechts von der von Gadebusch nach Schwerin führenden Landstraße, nahe bei einem Gehölz zwischen Rosenow und Rosenberg, die tödtliche Kugel, seinem jungen Leben ein jähes Ende bereitend.²⁰⁸)

---

²⁰⁷) „Gottesgabe“ gehörte 1813 dem Oberjägermeister v. d. Lühe. Während Major v. Lützow (geb. 1782, gest. 1834), dessen jüngster Bruder Wilhelm v. Lützow (geb. 1795, gest. 1827), Theodor Körner, der 68 Jahre zählende Stabsrittmeister Jos. Fischer (geb. 1745, gest. 1820), Lieutenant Friedr. Friesen (geb. 1790, gefallen bei La Lobbe 1814), Oberjäger Fritz Helfritz (geb. 1790, gest. 1848) u. A. im Herrenhause, wo man an diesem Tage Franzosen, aber nicht Lützower erwartet hatte, sich einquartirten, blieben die übrigen Lützower auf dem geräumigen Hofe daselbst und im Dorfe, dagegen schlugen die bei dem beabsichtigten Ueberfall betheiligten Kosaken ihr Lager vor dem Dorfe auf. Hier im Saale des Herrenhauses war es, wo Körner, nahe um Mitternacht, wenige Stunden vor seinem Tode, den um ihn herumsitzenden Kameraden auf dem daselbst befindlichen Klavier ernste Weisen vorspielte und weihevolle Worte sang — wohl das Schwertlied. — Diese Scene, meisterhaft von F. W. Heine auf den erhalten gebliebenen, im Körner=Museum zu Dresden verwahrten Aufschlagdeckel des erwähnten Claviers gemalt, war würdig, mannigfach, u. A. in der „Leipziger Illustr. Zeitung“ Nr. 1989 vom Jahre 1881 und in Fr. Otto: „Der Marschall Vorwärts“, Leipzig 1883, Otto Spamer, nachgebildet zu werden.

²⁰⁸) Ueber des Näheren von Körner's Tod, worüber seit 1813 bis auf die neueste Zeit in der sich widersprechendsten Weise immer und immer wieder gefabelt worden ist, giebt außer den officiellen Regimentsberichten und den sich mündlich und schriftlich erhaltenen Aussagen von K.'s Freunden und Waffengefährten, die Augen-

Die Kameraden brachten die Leiche des Heldenjünglings über Moraas — östlich von Hagenow — in das Lager zu der bei dem im großherzoglich-mecklenburgischen Amte Neustadt gelegenen Dorfe Wöbbelin zurückgebliebenen Lützow'schen Infanterie,

zeugen seines Todes waren, auch ein im Dresdner Körner-Museum verwahrter handschriftlicher Bericht des einstigen Oberjägers der V. Schwadron der v. Lützow'schen Cavallerie, Anton Probsthan (geb. den 24. Februar 1792 zu Altstrelitz, gest. als Rector emer. zu Fürsten=berg in Mecklenburg-Strelitz den 31. December 1882), welcher Th. K. fallen gesehen, seinen todeswunden Körper zum nächsten erbeuteten Wagen tragen half und bei dessen Beerdigung in Wöbbelin gegen=wärtig gewesen, folgende Auskunft:

„Am 25. August brachen auf Anordnung v. Lützow's ungefähr 150 Lützow'sche Reiter, welche sich freiwillig gemeldet hatten, vom Dorfe Warsow auf, um das bei Schwerin stehende Corps des Marschall Davoust zu umgehen, sich an der, von Gadebusch nach Schwerin führenden Landstraße versteckt zu halten, und von Ham=burg kommende Proviant-Transporte wegzunehmen. Ohngefähr eine gleiche Anzahl Kosaken schloß sich unserer Cavallerie an. Nach einem sehr beschleunigten Marsche langten wir am Abend auf einem Landgute („Gottesgabe" — der Herausgeber) an, wo wir sämmtlich die Nacht blieben, und dann am 26ten August an die nahe Landstraße rückten. In einem Walde, der auf der einen Seite aus hohen Kiefern, auf der andern Seite aus einer sehr dichten Schonung bestand, wurde Halt gemacht. Ein Theil der Cavallerie unter dem Kommando des Lieutnant Lützow, eines Bruders des Majors, hatte die Bestimmung, den etwa kommenden Feind an der Seite anzugreifen, der andere Theil nebst den Kosaken sollte ihm den Weg nach Schwerin abschneiden. Vielleicht nach zwei Stunden näherte sich von Gadebusch her ein Wagen=zug, und als derselbe in der Nähe des Waldes gekommen war, wurde die Begleitung, aus Grenadieren und Musketiren des 105. französischen Linien-Infanterieregiments bestehend, angegriffen. Unbegreiflicher Weise gelang es einem Theile dieser Begleitung sich in die Schonung zu werfen, und nun aus gedeckter Stellung ihre Kugeln zu senden, von denen auch bald ein Husar und ein Ulan getroffen wurden. — Zufällig begegnet mir der 70jährige Rittmeister Fischer, der sich in höchster Erregung über das Miß=lingen der Attale aussprach, und versicherte, daß er nie in seinem Leben so dummes Zeug gesehen habe, als hier gemacht worden

wo sie erst beim Grauen des folgenden Tages (den 27. August)
anlangten. Hier wurden sofort die nöthigen Anstalten getroffen,
um die entseelte Hülle des Waffengefährten einstweilen in einem
Bauernhause, so gut es anging, aufzubahren. Bald nach der
Mittagsstunde setzte sich der Trauerzug unter dem gedämpften
Schall der Trommeln zur Beerdigung Körner's und der übrigen
bei Rosenberg Gefallenen in Bewegung. Was im Lager ab=
kommen konnte, schloß sich an; auch Offiziere von Regimentern
des v. Wallmoden'schen Corps, die von Grabow kommend, zu=
fällig vorbeimarschirten. Die vierte Compagnie des I. Bataillons
(der Körner selbst als Secondelieutenant angehört hatte, bis er
sich zur Reiterei versetzen ließ und persönlicher Adjutant v. Lützow's
geworden war), geführt vom Offiziersdienste leistenden Feldwebel

***

sei. Nachdem ich diese Mittheilung empfangen, kommt mir Körner
entgegen und sagt: Der Major hat befohlen, die Franzosen aus
der Schonung zu vertreiben, und ich möge mitkommen, um mich
denen anzuschließen, die er bereits gesammelt habe. — Das geschah
und an einer Stelle, wo einige Kiefern standen, der Schonung
vielleicht 100 Schritte gegenüber, sammelten wir uns, während
Körner in schräger Richtung, seine rechte Seite der Schonung zu=
gewendet, vor uns hielt. Während wir über die Unmöglichkeit
sprachen, in die sehr dichte Schonung einzudringen und die Fran=
zosen daraus zu vertreiben, fiel ein Schuß und Körner ruft:
„mich haben sie gut getroffen"! legt die Hand in die rechte Seite,
neigt sich rücklings nach rechts, fällt vom Pferde und ist sofort
— todt. Der Lieutnant Fischer (August Fischer, geb. 1785, gest.
1852 — der Herausgeber) und der Oberjäger Helfritz nahmen
die werthvollen Gegenstände des theuren Todten an sich und dann
trugen wir ihn zu einem der erbeuteten Wagen, wo wir ihn so
gut zu betten suchten, als es möglich war. Als wir noch damit
beschäftigt waren, brachten einige Kosaken die Leiche eines jungen,
schönen Mannes, eines Grafen Hardenberg, der sich dem Kosaken=
Corps des Oberst Tettenborn angeschlossen hatte, und durch den
Kopf geschossen war.

Ich bin der einzige, noch lebende Zeuge bei dem Tode
Körner's, und ich sage die Wahrheit!

Alle Berichte, die ich über seinen Tod gelesen, namentlich die
in der bekannten „Gartenlaube", sind falsch."

THEODOR KÖRNERS GRAB IN WÖBBELIN BEI LUDWIGSLUST

Kunſtbeilage 9.

Bär,[209] eröffnete den Leichenzug. Körner's Sarg wurde zuerst unter Anstimmung des Gebets: „Vater, ich rufe dich!" in das für ihn bestimmte von vier seiner sächsischen Landsleute[210]) und Waffengefährten aufgeworfene Grab unter einer der nahe bei dem Dorfe stehenden mächtigen Eichen eingesenkt,[211]) und zum Scheidegruß sang man, soweit es die Stimme noch hergab: „Das war Lützow's wilde verwegene Jagd!"

Eine Ehrensalve glaubte man sich wegen der Nähe des Feindes nicht erlauben zu dürfen, dagegen schnitt noch der Feldwebel Markwordt[212]) Körner's Namen und Todestag tief in die das Grab überschattende Eiche ein.

------ ◆ ------

Auf den Dichter von „Leyer und Schwert" lassen sich die Worte anwenden, die er in seinem Trauerspiel: „Zriny" (II. Aufzug, 8. Auftritt) Juranitsch in den Mund legt:

„Ich möchte untergehen wie ein Held
Im frischen Glanze meiner kühnsten Liebe,
Und was die wilde Sehnsucht hier versprach,
Dort drüben von der Lust des Himmels fordern!"

--- -■- ---

[209]) Pseudonym für S. F. Stiebel, geb. 1792 zu Frankfurt a. M., gest. daselbst 1868 als Geh. Hofrath.

[210]) W. H. Ackermann, Friedr. Förster, E. G. v. Nostiz und A. v. Thümmel.

[211]) Unter der größeren, nördlich stehenden Eiche bestattete man Körner, unter der kleineren, Graf Hardenberg und dazwischen, die beiden anderen beim Ueberfall gebliebenen v. Lützow'schen Reiter, Erbsack und Carus. Die sterblichen Reste Hardenberg's ließen dessen Eltern ein Vierteljahr später wieder herausnehmen, um ihm in dem Garten ihres gräflichen Familiengutes Drönnewitz seine Ruhestätte zu geben.

[212]) Jak. Fr. Markwordt aus Alsleben a. d. S., geb. 1778, gest. zu Berlin 1846.

Druckfehlerberichtigung:

Seite 94, 2. Zeile von oben anstatt: Thomas — „Thoms".

—

Druck von C. C. Meinhold & Söhne, Königl. Hofbuchdruckerei, Dresden.